ちくま新書

たった一言で印象が変わる大人の日本語100

吉田裕子
Yoshida Yuko

1392

はじめに

　言葉遣いを磨くことは、身だしなみを整えることに似ています。心がけ一つで始められ、あなたの印象を変えるものです。ファッションに、年相応の装いがあるように、言葉も歳を重ねるにつれて落ち着きある、上品なものに進化させたいところです。
　永井真理子さんの「Change」（作詞：只野菜摘）に、「歳にみがかれるおとなになりたい」というフレーズがあります。
　これは、私自身が年齢を重ねていく中で、よく思い出すフレーズです。外見やフレッシュさで勝負する10代や20代に対し、30代以降は、大人として中身の深さや教養の厚みで評価されるようになるのではないでしょうか。
　人柄というものは本来、長く付き合っていく中で自然と見えてくるものですが、現代の流動的な人付き合いにおいては、第一印象がよくなければ、もうそれっきり縁が切れてしまうこともあります。
　付き合いの浅い人には、どう人柄を判断されるでしょうか。たとえば、スタッフとして接客を担当したときに、どうすればお客さんに信頼してもらえるでしょうか。
　それはやはり、表にあらわれる言動が基準になるでしょう。知性や品性を感じさせ、安心感や信頼感を持ってもらえるような語彙力を培う。それが大人として活躍の場を増やし、付き合いの幅を広げる魅力につながるので

はないでしょうか。

　本書では、実用性という観点で、大人向けの語彙を選び出しました。相手に通じないような難しい語は避け、さりげなく会話に織り込める表現を紹介しています。ビジネスの場で説得力のあるコミュニケーションが取れるように、また、人付き合いの中で呆(あき)れられたり恥をかいたりしないように、お手伝いしたいと存じます。

　新たな言葉との出会いを提供するのはもちろん、目にしたことはあるという程度の言葉に関しても、深く理解して、自ら使える水準にまで引き上げていただけるよう、例文と解説を付しました。

　また、間違いの目立つ敬語に関しても、よく見られる誤りを取り上げて説明しております。

　改めて学ぶことで、大事な場面にも自信を持って臨めるのではないでしょうか。

　仕事にも人生にも活きる、自分の武器となるような語彙力を培いましょう。

たった一言で印象が変わる大人の日本語100【目次】

はじめに …………………………………………………………………………… 003

第1章　気のきいた会話の一言

001　ご無沙汰 …………………………………………………………………… 012
002　つつがない ………………………………………………………………… 014
003　お足許の悪い中 …………………………………………………………… 016
004　あいにく …………………………………………………………………… 018
005　〜かねます ………………………………………………………………… 020
006　不躾 ………………………………………………………………………… 022
007　忍びない …………………………………………………………………… 024
008　過分 ………………………………………………………………………… 026
009　お求めになる ……………………………………………………………… 028
010　心づくし …………………………………………………………………… 030
011　心ばかり …………………………………………………………………… 032
012　つかぬこと ………………………………………………………………… 034
013　たしなむ（嗜む） ………………………………………………………… 036
014　間に合っている …………………………………………………………… 038
015　お力添え …………………………………………………………………… 040
016　お取り成し ………………………………………………………………… 042
017　冥利に尽きる ……………………………………………………………… 044
018　気を揉む …………………………………………………………………… 046
019　はかばかしくない ………………………………………………………… 048
020　不行き届き ………………………………………………………………… 050

021	おいとま	052
022	お粗末様でした	054
023	足もとにも及ばない	056

【コラム】ことわざに学ぶ知恵 ... 058

第2章　改まった場での信頼される言葉遣い

024	薫陶を受ける	060
025	ひとかたならぬ	062
026	ひとえに	064
027	迂闊	066
028	失念	068
029	慚愧	070
030	鑑みる	072
031	心ならずも	074
032	襟を正す	076
033	忸怩	078
034	申し開き	080
035	猛省	082
036	胆に銘じる	084
037	賜る	086
038	～にあずかる	088
039	僭越	090
040	厚誼	092
041	衷心	094
042	忌憚のない	095

043	労を執る	096
044	しかるべき	097
045	遺憾	098

【コラム】新語・流行語 …… 100

第3章　敬語を間違えて恥をかかないために

046	尊敬語と謙譲語の混同例①	どうぞご自由にいただいてください。	102
047	尊敬語と謙譲語の混同例②	ご利用してください。	104
048	尊敬語と謙譲語の混同例③	何と申されましたか？	106
049	うっかり身内を敬ってしまう例	弊社の山田社長よりご挨拶申し上げます。	108
050	二重敬語の例①	お話しになられましたか？	110
051	二重敬語の例②	いらっしゃられました。	112
052	過剰敬語の例	卒業させていただきました。	114
053	御社と貴社の使い分け		116
054	「あなた」は使わない		118
055	不自然な敬語の例	「〜してございます」は変	120
056	謙譲語Ⅱの使い方①	「存じる」と「存じ上げる」の違い	122
057	謙譲語Ⅱの使い方②	「申し伝えます」を使いこなす	124

【コラム】四字熟語 …… 126

第4章　知的な印象を与える熟語

058	真摯	128
059	直言	129
060	逸材	130

061	寡聞	131
062	矜持	132
063	語弊	133
064	懸念	134
065	沽券	135
066	慧眼	136
067	踏襲	137
068	反故	138
069	杞憂	139
070	造詣	140
071	膠着状態	141
072	可塑性	142
073	及第点	143
074	卓越	144
075	醸成	145

【コラム】上級者編の熟語 …… 146

第5章　電話とメールの定型フレーズ

076	電話を受ける際の定型フレーズ①	お待たせいたしました	148
077	電話を受ける際の定型フレーズ②	席を外しております	150
078	電話を受ける際の定型フレーズ③	代わりにご用件を承ります	152
079	電話を受ける際の定型フレーズ④	念のため復唱いたします	154
080	電話をかける際の定型フレーズ①	夜分に恐れ入ります	156
081	電話をかける際の定型フレーズ②	お手すき	158
082	電話をかける際の定型フレーズ③	いつ頃お戻りになりますか？	160

| 083 | 電話をかける際の定型フレーズ④　お言付けをお願いできますか | 162 |

【コラム】最新ビジネスの用語① ... 164

084	メールの定型フレーズ①　各位	165
085	メールの定型フレーズ②　初めてご連絡を差し上げます	166
086	メールの定型フレーズ③　ご教示ください	168
087	メールの定型フレーズ④　ご査収ください	170
088	メールの定型フレーズ⑤　取り急ぎ	172

【コラム】最新ビジネスの用語② ... 174

第6章　昔は誤用だったが、今は定着した表現

089	穿った見方	176
090	御の字	177
091	姑息	178
092	こだわり	179
093	潮時	180
094	微妙	181
095	失笑	182
096	まったり	183
097	ほぼほぼ	184
098	とんでもありません	185
099	真逆	186
100	半端ない	187

おわりに ... 188

第 1 章
気のきいた会話の一言

001 ご無沙汰

△随分お久しぶりです。

○長らくご無沙汰しております。

> こんなときに
・久しぶりに顔を合わせたとき
・かなり前に取引や名刺交換をした相手に、電話やメールで連絡するとき

　前に友人に会ったときから間が空いている場合、「久しぶり」と言います。久々に会えて嬉しいという気持ちをこめた挨拶です。
　一方、ビジネスなど、あらたまった場面では「ご無沙汰しております」が使われます。この挨拶には、再会の喜びとは別の思いもこめられています。
「無沙汰」は、沙汰が無いこと。本来は訪問や連絡などで近況うかがいをすべきだったのに、怠ってそれをしていなかったという反省の意味が伴ってきます。「ご無沙

汰しております」は、自身の怠惰により礼儀に反してしまったことを申し訳なく思う気持ちをこめた挨拶なのです。

　ビジネス上の関係や、気を遣う恩師・親戚などとの関係においては、ただ無邪気に再会を喜ぶだけでなく、長らく無沙汰になってしまったことを詫びる挨拶の方が、奥ゆかしく誠実な印象です。

　ですから、より丁重に言う場合は、「平素のご無沙汰をお詫び申し上げます」というように、お詫びの言葉を続けるようにします。間が空いてしまったものの、決してこの関係を軽んじているわけではない、あなたのことを大切に考えている、という気持ちを伝えるようにするわけです。

　また、「ご無沙汰しております。近頃はいかがお過ごしですか」というように、相手の体調などを気遣うフレーズと組み合わせて用いることが一般的です。

関連

「お久しぶりです」の別の言い方に、「しばらくぶりです」「お久しゅうございます」「長らくお目にかかりませんで」などがあります。

　別れの挨拶では、あまり間の空かない（ご無沙汰しない）ことを祈って、「またそのうちに」「近いうちに」と声をかけることがあります。

　交流会や会食などで面識のできた相手とは、「近日中にご連絡いたします」「また改めて場を設けましょう」と別れるのも良いですね。

002 | つつがない

△中山様は病気などされていませんか。

↓

○中山様におかれましては、つつがなくお過ごしのことと存じます。

こんなときに
・久しぶりの連絡で、相手の体調や暮らしを気遣うとき
・大きなトラブルなく、順調に進んで（過ごして）いることを報告するとき

　昔、病気などの災難を「恙<ruby>つつが</ruby>」と言っていました。ツツガムシという虫がいますが、その語源もこの「恙」。ツツガムシが、頭痛や発疹を伴う病気を媒介するために、この名を付けられたわけです。
　病気や事故、災害などのトラブルがなく、平穏無事に過ごせる状態のことを「つつがない」と言います。

この語がよく使われるのは、手紙や久しぶりに送るメールの書き出しです。「つつがなくお過ごしですか」と相手を気遣って尋ねるわけです。同様の表現に、「お変わりなくお過ごしですか」があります。
　また、手紙やメールではすぐに反応が返ってくるわけでもないということもあり、疑問文にあえてせずに「中山様におかれましては、つつがなくお過ごしのことと存じます」と肯定的に書くことも多いです。
　この語は、自分の側にも使えます。「元気です」と言う代わりに「こちらはつつがなくやっております」と報告します。
　業務の報告でも、「何とか無事に大会終わりました！」と言う代わりに「おかげさまで、つつがなく大会を終えることができました」とすると、落ち着いた印象です。「うまく行きました」「上々です！」とまで宣言するのは、はばかられるとき、謙虚に報告をしたいときに重宝する表現です。

関連

　つつがなく終えたことを報告する言い方には他に、
・大過なく……大過は「大きな過ち」。少しぐらいのミスはあっても、大きなトラブルはない様子。
・別条なく……別条は「いつもと違った事柄」。「別条なく」で普段どおりに、問題なく。
・無事にやりおおせる……「〜おおせる」は、最後までやり遂げること。
　があります。

003 | お足許(あしもと)の悪い中

△ こんな雨の日に悪いですねえ……。

↓

○ お足許の悪い中お運びくださり、ありがとうございます。

こんなときに
- 雨や雪の日に、取引先や顧客に足を運んでもらったとき
- 天候不順の時季に、取引先や顧客にこちらに来てもらうことをお願いするとき

　メールや電話で、簡単に連絡の取れる時代です。現代人にとって、直接出かけて行くことは、「わざわざ」という感覚を伴います。それが天候の悪い日なら、なおさらのことです。雨や雪の降る、不快な道中を来てくれた相手には、ねぎらいと感謝を伝えましょう。
　ストレートに「雨の中」「天候のすぐれない中」と言

っても構いませんが、少し婉曲(えんきょく)的な表現である「お足許の悪い中」を使うと、奥ゆかしく聞こえます。

　昔は、道路が舗装されていませんでしたから、雨の日はぬかるんでしまいます。そんな中の移動は厄介だったことでしょう。道路が舗装された現代でも、古来のねぎらいの気持ちが言葉の中に生きているわけです。

　来てもらった感謝として用いるほか、梅雨(つゆ)の時季、雪が続く時季に相手を呼び出す場合のクッション言葉としても使えます。「お足許の悪い中、恐れ入りますが」と恐縮の意を示すのです。

　なお、左ページの例文中の「お運びくださり」は、「足を運ぶ」の「足を」が取れて自動詞化した表現です。少し古風な印象の言い回しで、つつましく上品に感じられます。例えば、梨園(りえん)（歌舞伎界）では、客を迎える挨拶によく用いられています。

関連

　遠くから足を運んでくれた人に対しては、「遠路はるばるお越しくださいまして」、こちらの都合でこちらに来てもらった際には「お呼び立てしてしまい、恐れ入ります」との一言を忘れないようにしたいものです。相手の労苦に寄り添い、ねぎらおうとする姿勢が重要です。そうした思いやりのフレーズには「ご足労をおかけしました」もあります。

004 | あいにく

△その日はもう予定が入っているんです。

↓

○あいにく、その日は先約がありまして。

こんなときに
・誘いや依頼を断る際、残念な思いをにじませるとき

　わざわざ自分を誘ってくれたとき、自社を見込んで依頼してくれたとき、ぜひその期待には応えたいと思っても、スケジュールや予算上、難しい場合があります。仕方がないこととは言え、断り方によっては、先方を傷付けたり不快にさせたりしてしまいます。言葉の選び方には注意したいところです。

　断る際に覚えておきたいのが、義理人情の法則です。義理は道理・理屈、人情は人としての気持ちです。なぜ無理なのかを論理的に説明することも必要でしょうが、

理屈だけではドライで冷たい印象になりかねません。

　義理を語りつつも、その端々に人情をにじませるようにします。事情があって難しいものの、個人の心情的には大変残念である、という気持ちが伝わるようにしましょう。

　その際に使えるのが「あいにく」なのです。期待や目的に沿わない残念な様子を表す言葉です。

「あいにく（＝人情）来月はスケジュールが埋まっていて（＝義理）」のように、断る理由を論理的に説明する前に付けることで個人的な無念をにじませます。

　なお、「生憎」と書くのは当て字です。古文の「あや（＝あぁ）憎」から来ています。

関連

　他にも、義理人情の法則に使える言葉があります。例えば、「その日はちょうどタイミングが悪くて……」と残念がる、「間の悪いことに」「折悪しく」という表現があります。

　また、相手からの申し出は貴重で嬉しい(うれ)ことなのだが、という思いを込められるのが「せっかく」。「せっかくのご提案ですが」「せっかく声をかけていただいたのですが」と使います。

　また、気持ちとしてはぜひやりたいのだが、という表現に「やまやまですが」があります。

　それらを組み合わせ、「せっかくのお誘い、参加したいのはやまやまですが、その日は折悪しく帰省の予定がありまして」などと使うこともできます。

005 ～かねます

△そういうことはできません。

↓

○恐れ入りますが、ご期待に沿いかねます。

こんなときに
・依頼や要請を断るとき
・自分は知らない（分からない／できない）ことを伝えるとき

　無茶な依頼、横柄なクレームなどに対しては、きっぱりと「できません」「無理です」と伝えたいところです。しかし、強く拒絶するように聞こえ、角の立ちやすい言い方です。
「そのようなご期待には添いかねます」
「そちらのご要望にはお応えしかねます」
のように、「～かねます」という文末を使うと良いでしょう。

なお、「～かねる」という補助動詞は、「～しようとしてもできない」という意味です。頭ごなしに「できない」と決め付けているのではなく、結論を出す前に「～しようとする」という意志や取り組みがある、というわけです。
　こうしたニュアンスを含むこともあって、はなからやる気のないように響く「できません」よりも、誠実な印象になります。
　さらに角を立てないようにするには、「残念ながら」「申し訳ないのですが」などのクッション言葉を付けることです。
　例えば、自分の担当外のことを質問された場合には、
「恐縮ながら、私では分かりかねます。すぐに担当の者に確認いたします」
と、クッション言葉と「～かねる」を併用し、その後に誠実な対処策を続けることで、投げやりな印象を与えることを防ぎます。

関連
「できない」「無理」と明言しづらい際には、「難しい」という表現もあります。「明日までにお届けするのは無理です」と言うと、反感を買いやすいのですが、「明日までのお届けは難しいかと存じます」なら、受け入れてもらいやすくなります。「私どもでは力不足かと……」「力及ばず、かえってご迷惑をおかけすることになるかと」と謙遜しながら断る手もあります。

006 | 不躾(ぶしつけ)

△ 失礼なことを聞くようですが、いつまでにできますか？

↓

○ 不躾な質問ですが、ご納品はいつになりそうですか？

こんなときに
・聞きにくいことを質問するとき
・こちらの都合で、相手に手間や負担をかけるお願いをするとき

「不躾」は文字通り、躾がなっていない状態を表す言葉です。自身の立場をわきまえず、相手に失礼なことをしてしまう様子をいいます。
「不躾ながら」とクッション言葉に用いると、「本来、あなたにこのようなことを尋ねたり頼んだりするのは失礼で、やってはいけないことだと重々承知しておりますが……」と、恐縮する姿勢を示すことができるのです。

例えば、相手のプライバシーに立ち入った質問や、取引先の会社の内部事情に関わる質問をするのは、本来出過ぎた真似（まね）です。前置きなしに切り出しては、唐突で、無遠慮な感じがします。そこで「不躾な質問ですが」と一言ことわるわけです。

関連
「不躾ながら」と同様に使えるクッション言葉には、
・こちらの都合を押し付けていると自覚している
　「申し上げにくいのですが」
　「勝手を申し上げますが」
　「厚かましいお願いですが」

・相手にかける負担を気遣う
　「ご面倒をおかけしますが」
　「お手数をおかけしますが」
　「お手間を取らせますが」
　「ご迷惑をおかけしますが」

・無理のないよう応じて欲しいと伝える
　「差し支えなければ」
　「もしよろしければ」
　「できましたら」
　「可能な範囲で結構ですが」
などがあります。

007 ｜ 忍びない

△石川さんにこんなことを頼むのは、悪いんですが。

○石川さんにこのようなことをお願いするのは、忍びないのですが。

こんなときに
・相手に無理をお願いするとき
・気の毒な気持ち、惜しい気持ちなどを表明するとき

「忍耐」「忍従」という熟語があるように、「忍ぶ」には、耐える、こらえるという意味があります。「忍びない」と打ち消すことで、耐えられない、我慢できない、という意味になります。

　人に無理なお願いをする際に、「忍びないのですが」というクッション言葉を付けることがあります。これは、自分でも無茶な依頼だと分かっており、人に頼むのも心

苦しくて耐えられない、申し訳ない、という思いを伝えているのです。

　時に、「これぐらい、やって当然だろ？」と、上から押し付けるような態度で言ってくる人がいます。そんな傲慢な言い方では、頼まれた側のやる気も削がれてしまいます。それとは反対に、遠慮しつつ、下から頼み込むイメージを演出するのが「忍びないのですが」なのです。

　また、「忍びない」の文章で多い用例が「見るに忍びない」。あまりにも気の毒であったり、悲惨な状態であったりして、見ているのが非常につらく、耐えられない、という意味です。

「捨てるには忍びない」と用いた場合には、みすみす捨てるのには耐えられない、もったいない、という気持ちを表しています。

関連

「見るに忍びない」の言い換えに、
・目を覆わずにはいられない
・正視できない
・直視できない
・見るにたえない
・目も当てられない

などがあります。見るに忍びないあわれな有様は、「（お）いたわしい」「不憫だ」と評することも多いです。

008 | 過分

△褒められすぎて照れるんですが……。

↓

○過分なお褒めの言葉を頂戴し、恐れ入ります。

こんなときに
・褒められたり、お礼を言われたりしたことに恐縮しつつ、感謝を伝えるとき
・高価な贈り物をもらって、感謝を伝えるとき

　身分社会ではなくなった今日でも、日本語には、
「身分不相応な野望」
「分をわきまえろ！」
など、「身分」「分」を用いた表現が残っています。これらは社会的地位や立場、能力などを表す語として使われ続けているわけです。
　「過分」の「分」もそうした例の一つです。自分の身

にふさわしい程度以上の言葉や厚意を受けたときに、「過分」という言葉を用います。

　例えば、自分にはもったいないほどの褒め言葉を受けたときに使えます。褒められたときに「ありがとうございます！」と言ってもいいのですが、それだと、つけあがっているような印象にもなりかねません。

　そこで、自分はそれほどの器ではない、それほどのことはしていない、と謙遜しつつ、褒められたことへの感謝の気持ちを表現する「過分なお言葉を」という表現が便利なのです。

　自分には荷が重いほどの大役を任されたときも、
「このような過分な大役を仰せつかり、恐縮でございます」
「過分にも、プロジェクトリーダーを拝命いたしました」
というように謙遜します。

　他には、ちょっと手伝っただけなのに、高価なお礼の品をもらって申し訳ないときに、「このような過分な品を頂戴してしまい……」と使うことができます。

関連

「過分な」と同じ意味の大和言葉に「身に余る」「身に過ぎる」「分に過ぎる」などがあります。「身に余る光栄です」はよく使われるフレーズです。

　また、「身の丈に合わない」という表現もありますが、こちらは謙遜で使われるよりも、「身の丈に合わない生活はやめた方がいい」といった指摘に使われる方が多いようです。

009 | お求めになる

△ 今回は買っていただき、ありがとうございます。

↓

○ このたびはお求めいただき、ありがとうございます。

こんなときに
・接客や営業を担当するとき
・「買う」「注文する」を婉曲的に表現したいとき

　お金に直結する発言は、時に下品に感じられます。「買う」「売る」「安い」「値引き」など、お金を生々しくイメージさせる言い方を避け、少し遠回しな言い方を選ぶ方が上品な印象を醸し出せます。

　例えば、「買う」を尊敬語にする際、「お買いになる」としても良いのですが、「お求めになる」と言うと、お金のにおいが軽減されます。

　実際、百貨店などの格式を重んじる店では、「お買い

得」という表現も避け、「お求めになりやすい」（簡略化して「お求めやすい」とも）と表現する例が多いようです。
　また、「ご注文お待ちしています！」というのは、いかにも売り込んでいる感じで少々商売っ気の強い表現です。代わりに使えるのが「用命」（用事を言い付ける）という語です。「ご入り用の際には、どうぞご用命ください」というと、相手の役に立とうという誠実な印象です。
　もう少し幅を広げて、「お引き立て」や「ご愛顧」などの表現を用いることもできます。

関連

　お金の直接的な表現を避けている例を、もう２つ紹介します。まず、お金を貸して欲しいというのは切り出し難い話題です。だからこそ、婉曲的な「用立てていただけないでしょうか」「融通していただけるとありがたいのですが」といった言い回しも覚えておきたいところです。
　反対に、自分が無心をされて断る場合、きっぱりと伝えづらいときには、不快に思う気持ちを出さないよう気をつけながら、「今は持ち合わせがない」「自分には自由になるお金がない」「近々まとまったお金が必要だから」などと言って、貸せないことを伝えましょう（貸さないのではなく貸せない、ということを伝えます）。
　また、顧客に提案をする際、「予算はいくらですか？」と直接的に聞きづらいときには、曖昧に「今回はどのぐらいでご検討ですか？」、あるいは別の角度から、「これ以上であれば、今回は見送ろうというラインはございますか」のように質問します。

010 心づくし

△こんな高級な食事をご馳走になってしまって、すみません。
↓
○このような心づくしのおもてなし、痛み入ります。

こんなときに
・真心のこもったもてなしを受けたり、贈り物をもらったりしてお礼を言うとき
・あれこれ気を遣って助けてもらったことへの感謝を伝えるとき

「心づくし」（心尽くし）はもともと、悩んで心を擦り減らしてしまい、心が尽き果ててしまう様子を言うものでした（和歌などの古典では、感傷的になって悩みの深い秋のことを「心づくしの秋」と言っています）。

　現在では主に、心を擦り減らすほどに気遣いをする様子をいいます。親切を受けた側が、相手の気遣いに感謝

する場面で用いることが多いです。
　例えば、自分を歓迎する宴席を設けてもらったとします。幹事を務めた人は、お店の選択や料理などの調整、参加者への呼びかけなど、その日に至るまで、様々に気を配って準備をしてくれたことでしょう。その準備の苦労をねぎらい、
「お心づくしのおもてなし、しみじみ感激しております」
と感謝の意を伝えるわけです。
　手料理を出してもらったり、贈り物をもらったりしたときにも使える表現です。
　心を擦り減らす気遣いは、他に「心を砕く」「腐心する」とも表すことができます。
「何かと心を砕いてくださり、お礼申し上げます」
「先生が組織の立て直しに腐心くださらなかったら、今の我が社はありません」
のように使います。

関連
　相手の親切や気遣いを言うには、
・至れり尽くせり
・粋な計らい
・行き届いた配慮
・痒いところに手が届く
などの表現もあります。

011 心ばかり

△ 安物なんだけど、せめてものお礼ですので、もらってください。

↓

○ 心ばかりの品ですが、どうぞお受け取りください。

こんなときに
・謙遜しながら、贈り物や謝礼を渡すとき
・宴席の幹事として挨拶をするとき

「心ばかりの」は、贈り物や謝礼などを渡す際に用います。「感謝している心の一部を表しただけで、もの自体は大したものではありません」と謙遜する意味で使う言葉です。「ほんの気持ち」も同様です。

　他に「つまらないものですが」「粗品ですが」という表現もありますが、これらの表現は、時にへりくだり過ぎている印象を与えます。

「心ばかり」にはそこまでの卑屈な印象はありません。しかも、品物の背後に感謝や友好の気持ちがあることを感じさせるので、温かみのある表現です。
「心ばかり」は、歓送迎会やお祝いの席の幹事を務めたときにも使えます。
「このたびは高橋さんの優勝を祝し、心ばかりの席をもうけました。どうぞ楽しいひとときをお過ごしください」
と挨拶にとり入れてみましょう。

関連

　会の受付などを手伝ってくれた人に、十分な労働の対価とは言えないほどの、交通費＋α程度の謝礼金を渡すことがあります。その際には、「心ばかりのお礼」という意味で、「心ばかり」、あるいは「寸志」「心付け」と封筒・ポチ袋に書いて渡します。「寸」もささやかであるという意味です。
　なお、その額があまりにささやかな場合は口頭で、
・ほんの申し訳程度ですみませんが
・些少ではございますが
と言い添えることがあります。

012 | つかぬこと

△そういえば、出身はどこですか？

↓

○つかぬことをうかがいますが、ご出身はどちらですか？

こんなときに
・本題とは別の話を聞き出そうとするとき
・仕事相手に対し、プライベートな話題を投げかけるとき

「付かぬ」はもともと、「思いもつかぬ」「考えもつかぬ」の上の部分が省略されたものです。ですので、それまでの話の流れからは考えもつかない、だしぬけなこと、突然の別の話題のことを言います。

　これまでの筋から逸れる質問をする際、「つかぬことをうかがいますが（お尋ねしますが／お聞きしますが）」と使います。話が変わりますので、「ところで」「さて」

など、転換の接続語と共に使われることが多いです。
　NHK放送文化研究所のウェブアンケート（2014年）によると、「つかぬことをうかがいますが」という表現に関し、《「つまらないことを聞きますが」という意味で、「関係のないことを聞きますが」という意味ではない》と回答している人が41％（20代では46％）いるそうです。
　これは、「つかぬ」と「つまらぬ」の音の類似、あるいは「愚にもつかない（＝つまらない）」のとの混同から生まれた誤解であると考えられます。

関連

「閑話休題（かんわきゅうだい）」も、「それはさておき」「ところで」という意味の、話題転換の言葉です。ただし、使い方が反対です。「閑」の字が「ひま」とも読む通り、閑話はひまなときにするような無駄話のこと。ですから、余談（＝閑話）を打ち切って（＝休題して）、本題・本筋に戻るときに使う言葉です。
　また、「ちなみに」も、「ちなみに、ご出身はどちらですか？」のように使われます。「因（ちな）む」と書く通り、それまでのことと何かしら因果のある場合に使われるのが本来の使い方です。前に述べていた話の補足事項として質問したり語ったりするものであり、これは完全に話題を変える語ではありません。
「ちなむと」という形で使う人もいるようです。これは文法上あり得ない表現ではないものの、口語的・スラング的な印象を与えてしまいます。

013 | たしなむ（嗜む）

△ へー、ゴルフやられるんですね。
↓
○ ゴルフを嗜んでいらっしゃるんですね。

こんなときに
・「お酒を飲む」ことをしゃれた感じで言い表すとき
・相手の趣味や関心事に言及するとき

　今日では「お酒をたしなむ」のように、遊びなどを好む様子を言う例が多いですが、昔からの使い方では、芸事に親しみ、ある程度の腕前まで達していることを指しました。ですから、単に「する」「やる」などという動詞を用いるよりも、相手を立てるニュアンスが生まれます。
　スポーツ、歌や楽器、絵、俳句など、その人の趣味に関して言うときに、「山川さんは俳句をたしなまれるそ

うですね」「藤岡さんはピアノをたしなんでいらっしゃるとか」と言うと、その教養や腕前を評価しているような感じが伴うわけです。
　そこから転じ、身をつつしむ、過ちをおかさないよう気を引き締める、という意味もあります。「身をたしなむ」「少しは行いをたしなみなさい」という使い方です。
　また、「大人のたしなみ」というと、一人前の大人として当然身に付けておくべき心得・作法、社交の上での遊びなどを指します。
　この「○○のたしなみ」という使い方は、「研究者のたしなみ」「歌舞伎ファンのたしなみ」などの形で使われ、その職業や業界の人間なら必ず持つべき基礎知識・常識を示す際に使われます。

関連

　お酒を嗜まない、下戸であることを「不調法（無調法）」という言葉で表します。本来は不始末、不行き届きという意味の語ですが、下戸を言い換えるのにも使われています。
「あいにく不調法なもので……」と言えば、お酒は大人の嗜みだと考え、当然のように勧めてくる人に対して、「自分は、恥ずかしながらそうした嗜みを身に付けていなくて……」と、謙遜しつつ断る表現になるわけです。

014 | 間に合っている

△ そんなの要りません!!

↓

○ せっかくのご提案ですが、そちらは間に合っております。

こんなときに
・訪問や電話でのセールスを断るとき
・取引先から必要以上の提案をされて断るとき

　押し付けがましいセールスであろうと、あまりに乱暴に断るのは気がひけてしまう人もいるでしょう。そういう場合、毅然とした態度で断りつつも、言葉遣いの面では丁寧にすることをおすすめします。話し方で相手を尊重している姿勢は示しつつ、断るのです。
　そうしたお断りに便利なフレーズが「間に合っています」です。十分足りているので、これ以上は不必要である、という意味の言葉です。「要りません」「迷惑です」などのネガティブな言葉よりは、「間に合っている」と

いう肯定的な角度からの表現のほうが角が立ちにくいですね。
　今後も付き合いの続く取引先からの営業・提案であれば、さらに、
「せっかくのご提案ですが」
「あいにく」
「いつもお世話になっており、お断りするのは心苦しいのですが」
などの言葉を添え、拒否する印象をやわらげ、関係が気まずくならないようにしましょう。(004参照)

関連

　セールスなどを断る際の言い回しは他に、
・結構です
・事足りておりますので
・決まったところにお願いしておりますので
などがあります。いずれにせよ、毅然と不要の意を伝えましょう。
・今は考えておりません
・私では判断いたしかねますので
・本社が決裁する事柄ですから
と、とりあえずその場を切り抜ける方法もあります。
　あまり食い下がってこられると厄介ですから、
・必要になりましたら、こちらから連絡いたします。
・直接本社側とご交渉願えますか。
と畳み掛けましょう。言葉遣いは丁重なまま、毅然な態度を取ることがポイントです。

015 | お力添え

△手伝ってください。

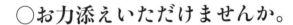

○お力添えいただけませんか。

こんなときに
・目上の人に協力して欲しいとお願いするとき
・手伝ってくれたり、温かく見守ってくれたりした人にお礼を言うとき

　相手の協力を敬って言う語です。ちょっと力を添える、という軽やかな表現で、「手伝う」「協力する」よりも、やわらかな印象を持つ言葉です。具体的な作業を手伝ってもらう場合にも、漠然と見守ってもらう場合にも、使うことができます。

　依頼をするときだけでなく、お礼を言うときにも、「横山様のお力添えにより、目標を達成することができました」「お力添えくださり、ありがとうございました」などと使うことができて、便利な表現です。

同じ内容を漢語でいうと「ご尽力」です。
「〇〇様のご尽力のおかげで、盛会となりました」などと使われます。
　こちらは「力を捧げ尽くす」という強いニュアンスを持ちますので、お願いをするという段階で「ご尽力をお願いいたします」という表現は、「力を思い切り捧げ尽くせ」というニュアンスになり、ふさわしくありません。
　他にも「ご協力」「ご助力」「ご支援」「ご援助」などの言い換えがありますが、特に「ご支援」「ご援助」の語は、金銭面の手助けの婉曲表現であることが多いです。
　寄付金をお願いする資料では、「私どもの趣旨にご賛同いただける皆様に、格別のご支援を賜りますよう、お願い申し上げます」といった文面が使われます。

関連

　こちらが人を手伝う場合の表現には、
・お力になります
・尽力いたします
・力を尽くします
などがあります。「微力ながら」「及ばずながら」「若輩者（未熟者）ですが」「お役に立てるか分かりませんが」などのクッション言葉を付けて言うと、謙虚な印象となって良いでしょう。

016 お取り成し

△森さんと知り合いですよね？何とかつないでもらえませんか。

↓

○森さんをご存じだと伺っております。不躾ながら、お取り成しいただけないでしょうか。

こんなときに
・人や会社を紹介して欲しい、間に入ってつないでもらいたいとき
・仲介に感謝するとき

「取り成す」は、もともと対立・ケンカしている二者の間に立って、何とか仲直りさせる場面で使いました。そこから転じ、仲立ちをして関係をうまく結ばせることを言うようになりました。

　AさんをBさんに紹介する、というのは、決して簡単

なことではありません。紹介したＡさんが期待外れな人物だと、仲介者は自分の評判まで下げることになりかねません。あるいは、紹介した先のＢさんがＡさんに対して失礼なことをしてしまうと、仲介者も紹介した責任として、Ａさんに頭を下げなくてはなりません。

　そうしたリスクも勘案した上で、紹介をしてくれる仲介者には深く感謝するべきでしょう。紹介してもらった際には、「山本様のお取り成しに、心より御礼申し上げます」と、丁重な言葉で感謝を伝えます。

　また、紹介をお願いする際には、相手を立てながら、
「情報通の（社交的な）山本さんを見込んでのお願いでございます」
「山本さんが頼みの綱です」
「顔の広い山本さんなら、どなたかをご存じかと」
「山本さんの豊富なご人脈で何とかなりませんか」
などと、相手の人徳や人脈などを立ててお願いするようにしましょう。

関連

　あらたまった書面などでは、「ご仲介の労を執ってくださり、感謝申し上げます」という格式を感じさせる表現もあります。
「取り成す」の類義語として、熟語では「斡旋」「仲介」、柔らかい表現としては、「橋渡し役をする」「仲人役を務める」「口添えをする」「仲を取り持つ」「架け橋となる」があります。

017 | 冥利(みょうり)に尽きる

△ お客さんに喜んでもらえると、我々も嬉しいですね。
↓
○ お客様に喜んでいただけると、私どもも冥利に尽きます。

こんなときに
・ある職業や役割にいる者として、やりがいや幸せを感じたとき
・相手から感謝の言葉をかけられたとき

　冥の字は訓読みで「冥(くら)い」であり、陰ながら、という意味を持ちます。
「冥利」はもともと仏教の言葉で、知らず知らずのうちに（＝冥）受ける、仏様のご利益を言いました。そこから意味が広がり、自分の身に訪れる恵み、幸せ全般に関し、感謝して言う言葉になっています。
　多くは「〇〇冥利に尽きる」「〇〇として冥利に尽き

る」という慣用的な形で用いられますが、この場合、○○には職業・役割の名前が入ります。その立場だからこそ受けられる恩恵や喜びが多いとき、それをありがたがることです。
・医師冥利に尽きる
・役者冥利に尽きる
・親として冥利に尽きる
　このように、やり甲斐・生き甲斐を感じた場面、この役を担っていてよかったと思えた場面で使います。
　私は大学受験塾などで講師をしていますが、「講師冥利に尽きる」といえばやはり、生徒の成長を実感できた瞬間や、生徒・保護者から感謝の言葉をかけてもらえたときのことでしょう。

関連
　自分のやったことで、人から感謝されたときの返し方としては、
・お気になさらず
・何よりです
・お役に立てて光栄です
・この上ない喜びです
・幸甚に存じます
などがあります。
　気軽に話せる間柄であれば、「どういたしまして」「なんのなんの」でも構いません。

018 | 気を揉む

△あまりに連絡がないので、ちょっとイライラしちゃいましたよ。

↓

○なかなかご連絡をいただけなかったので、さすがに気を揉みましたよ。

こんなときに
・心配してもやもやしたり、いらいらしたりした気持ちを相手に伝えるとき
・待たせるなど、心配をかけたことを詫びるとき

　やきもきして、落ち着かない心境のことです。例えば、試験の合否や病気の検査結果を待っている間のように、居ても立っても居られない、気もそぞろな状態を言います。
　「あの件では、随分こちらも気を揉みましたよ」という

ように、自分が他人のことを心配したときにも使えますし、「娘さんの件では、気を揉むことも多くおありだったのでは」と、他人の心配をねぎらう際にも使うことができます。

　自分が心配をかけてしまったことを謝罪する場面でも使います。返事を長く待たせるなど、気苦労をかけてしまった相手には、「お返事が遅れ、気を揉ませたことと存じます。失礼いたしました」と伝えましょう。

　企業の謝罪会見などで、「ご心配をおかけいたしました」「お騒がせいたしました」と詫びているのを見かけます。あれは、直接迷惑をかけた相手に詫びるだけでなく、自分たちのせいで多くの人の気持ちを動揺させてしまったことに対し、謝罪するわけです。

　その謝罪を今回の表現を用いて言うのであれば、「何かと気を揉ませてしまい、申し訳ございませんでした」となるわけです。

関連

　思うように進まず、焦っていらいらする様子には、
・焦燥感に駆られる
・じれったい
・気持ちばかりが焦る
・まんじりともせず
・勇み足になる
などがあります。

019 | はかばかしくない

△あんまり順調ではないんですよね。
↓
○あまりはかばかしくなくて。

こんなときに
・プロジェクトなどが思うように進んでおらず、遅れたり期待外れであったりすることを言うとき
・病状があまり良くないとき

「全然ダメだ」などと、露骨にネガティブな言葉を使うことが憚られるとき、重宝する表現が「はかばかしくない」です。

語源は「はかどる」と同じで、仕事の進み具合を意味する「はか」。漢字では、果・計・捗などの字を当てますが、まさに、仕事の結果、進捗を計ることを「はか」と言うわけです。

「はか」が次々重なる様子から、「はかばかしい」の語

が成立し、それを打ち消した「はかばかしくない」は、進みが順調でないことを意味します。

　仕事などの遅れを言う他、思ったよりも進んでいない、期待外れであることから、よくないこと全般に使われています。
・新作の売上がどうもはかばかしくない。
・主人の体調ははかばかしくなくて……。
　具体的な数値や病名、病状などに言及したくないときの遠回しな言い方です。
　この意味での類義語には「芳しくない」「思わしくない」があります。

関連

　遅れていることを言う表現に、
・遅々として進まない
・難航する
・もたつく
・埒が明かない
・停滞している
などがあります。
　逆に、順調に推移しているときには、
・滞りなく
・滑らかに
・快調
・着々と
を使います。

020 不行き届き

△そこまで気付いていませんでした。気が利かなくてすみません。

↓

○私どもの不行き届きで、ご不快な思いをさせてしまいましたこと、お詫び申し上げます。

こんなときに

・自分たちのサービスや気遣いが十分に行き届いていないことを詫びるとき
・部下や後輩の失敗を謝るとき（「監督不行き届き」の形で用いる）

　主に、気配りが十分に行き渡らず、相手に不満を感じさせてしまったときの謝罪の言葉として使われます。
　新人が担当する、人数が足りない、などの事情で、十分にはサービスを提供できないと予想されるときには、

あらかじめ、
「不行き届きな点がありましたら、何なりとお知らせください」
とことわっておくやり方もあります。

　また、部下など、他人が失敗をしたときに、その尻ぬぐいをさせられるケースがあります。その際には、監督責任を十分に果たせなかったことを詫びる「監督不行き届き」という言い方を使います。

　人間ですから、どうしても、「どうして自分が……」「あいつは何てことをしてくれたんだ」と感じてしまいますが、それを謝罪相手の前で口に出してしまうのはよくありません。

　迷惑を被った相手にしてみれば、失敗した当人だけでなく、組織全体に対して怒りを感じているからです。責任逃れに聞こえそうな言葉遣いにならないようにしましょう。

　他に部下や後輩を詫びる表現には、
「上司である私の不徳の致すところです」
「指導役としての責任を痛感しております」
という言い方もあります。

　そうして潔く謝ってこそ、相手の方から、「いや、山田さんが悪いわけじゃないから」などと言ってもらえるものです。先に、自分たちから弁解するものではありません。

021 おいとま

△じゃ、この辺で。

↓

○この辺りでおいとまさせていただきます。

こんなときに
・宴席や会合から先に失礼するとき
・家や病室を訪ね、辞去するとき

　時間を共に過ごすことこそが、相手を大切にする気持ちを一番表す行為でしょう。だからこそ、先に帰ってしまうのは、相手を軽んじているようで、決まりが悪いものです。
　かと言って帰らないと、後の予定にも差し支えが出ることもあります。悪い印象を残さないよう、礼儀正しい一言を残して帰りたいところです。
「お先に失礼いたします」がよく使われていますし、気心の知れた相手なら「すみませんが、お先に」程度でも

構いません。ただ、「おいとまさせていただきます」「おいとまいたします」という言い方も自分の中にストックしておきましょう。
「暇乞(いとまご)い」という言葉がありますが、これは、勤務先から暇をもらう（＝辞めさせてもらう）ことが転じて、別れを告げること全般を意味するようになった表現です。それが日ごろの挨拶になったのが、「おいとまする」ですね。

　宴席を途中で切り上げる際には、「私はここでおいとましますが、皆さんは引き続きお楽しみください」、また、お見舞いで病室を辞去する際には、「お身体に障るといけませんから、そろそろおいとまします」などと、相手を気遣う姿勢を忘れないようにしましょう。

関連
　別れ際の挨拶としては「さようなら」の他に、
・それでは、この辺りで。
・またお目にかかりましょう。
など。主に女性の用いる「ごきげんよう」もあります。こちらは「御機嫌良うお過ごしください」の略で、相手が健やかに幸せに過ごせるよう願う言葉です。
　仕事を切り上げて、周囲の人よりも先に帰るときの挨拶では、「お先に失礼いたします」が定番です。挨拶の前に「すみませんが」とクッション言葉を付けたり、片付ける前に「何かお手伝いできることはありますか」と尋ねたりすると、好印象です。

022 お粗末様でした

△みっともないものを見せてしまいました。

○お粗末様でした。

こんなときに
・プレゼンや余興での出しものなど、自分の技・芸を披露したとき
・手料理をふるまったり、宴席の幹事を務めたりしたとき

「粗末」は、粗末な食事などと言うように、品質が上等でないもののこと。一般にはネガティブな語であり、批判する場面で用います。

しかし、「お粗末様でした」という挨拶になると、自分の提供したものなど大したことはないのだと卑下し、謙遜するのに用います。

どういう場面で使うかというと、例えば、プレゼンテ

ーションをしたり、余興で出しものを担当したりしたときです。見た人から、拍手やねぎらいの言葉をもらったときに、「お粗末様でした」と言うことで、「そんな大したことはないです」という謙虚な態度を見せるわけです。

　あるいは、手料理をふるまったり、パーティーや宴席を幹事として取りしきったりしたときに、目上の人から「ごちそうさま」「ありがとう」とお礼を言われたら、この言葉で返してみましょう。奥ゆかしい印象です。さらに褒められてしまうようなら、「おかげさまで」「おいしく召し上がっていただけなら光栄です」などと返します。「お粗末様でした」は少々よそよそしい感じのある言葉でもありますので、気心の知れた身近な人であれば、「どういたしまして」と言えば十分です。

関連

　自分のパフォーマンス、あるいは絵や文章などを人に見せるときには、謙遜して、
・ほんのお目汚しですが
・お目汚しで失礼いたします
と言います。
　同様に、自身の用意した料理や、持参した手土産を相手にすすめるときに、
・ほんのお口汚しですが
と言うことがあります。少量で口を汚す程度であり、満腹にならないという意味です。
　「汚す」という言葉には、粗末で大したことがないと、料理の質を謙遜するニュアンスも入ります。

023 足もとにも及ばない

△ いや、全然、自分なんて。
↓
○ 私など、Bさんの足もとにも及びません。

こんなときに
・自分の腕前がひどく劣っていると謙遜するとき
・二つのものの品質・実力・売上などにはっきりと差があると評するとき

「いやいや、私なんて」と謙遜する際に使えるのが「足もとにも及ばない」です。
　相手の力が格別に優れていて、到底敵(かな)わない様子を言います。同じレベルであることを「肩を並べる」「比肩する」と言いますが、そんなのには程遠い、足もとにさえも寄り付けないほどであるわけです。
　そんな相手ともし勝負をしたら、全く「歯が立たない」「太刀打ちできない」「手も足も出ない」ことになる

でしょうね。

関連
　他に、二つのものに大きな上下の差があることを言う表現には、
・天と地ほどの差
・雲泥の差
・月とスッポン
・圧倒的な差
などがあります。
　上下の差であるかは別として、大きく違いがある場合には、
・隔たり
・懸隔
・似ても似つかない
などがあります。
　反対に、実力などが近く、似たり寄ったりであることを言うには、
・五分五分
・五十歩百歩
・どんぐりの背比べ
などを用います。

【コラム　ことわざに学ぶ知恵】

　暮らしの知恵や教訓を短くまとめたのがことわざです。江戸時代には、いろはがるたで広く親しまれていました。

論より証拠
　議論を重ねるより、証拠を出した方が物事は明確になり、相手は説得されるということ。

安物買いの銭失い
　安物は品質が悪く、一見お買い得だと思っても、結局は修理や買い替えで高くつくということ。

芸は身を助く
　一芸を身につけておけば、いざというとき生計を助ける例もあるということ。

まかぬ種は生えぬ
　種をまかなければ当然芽が生えてこないように、努力や準備を何もしなければ、いい結果が得られるわけがないということ。

下手の長談義
　話下手な人ほど、だらだら長話をすること。

果報は寝て待て
　人には運をどうにもできないものだから、焦らずにタイミングを待つのがいいということ。

楽して楽知らず
　楽に生きてきた人はかえって安楽のありがたみが分からず、苦労して初めてそれを知るということ。

第 2 章

改まった場での信頼される言葉遣い

024 薫陶(くんとう)を受ける

△10年前に筑摩高校で村上先生に習った田中です。

↓

○10年前に筑摩高校で村上先生の薫陶を受けた田中と申します。

> こんなときに
- 同総会のスピーチや葬儀の弔辞で、恩師を紹介するとき
- 人の師弟関係に言及するとき

「薫陶」の語源は文字通り、香を焚いて香りをしみこませたり、土をこねて陶器を作り上げたりすることです。そこから、人を育てる意味にも使われるようになりました。

　主に、「薫陶を受ける」という形で使われます。人徳や品性の優れた師匠・先生に感化されて、人格が磨き上

げられる、というニュアンスも伴います。単に技術や知識だけを教わったのではない、人として教え導かれた意味合いがあるのです。

　この表現を選ぶと、単にあらたまった言い方になるだけでなく、師と仰いだ人物に対する敬服の気持ちもこめることができます。同様に、「指導を仰ぐ」「師と仰ぐ」といった表現も、仰ぎ見るニュアンスにより敬意を感じさせます。

　音楽など芸術系の分野では、「師事する」がよく使われます。ある人を「師」として「事（つか）」えたことを示す表現ですので、「田中（生徒）は村上先生に師事した」のように使います。演奏会のチラシなどで、音楽家のプロフィールを紹介する際にも、「ピアノを村上・三国の両氏に師事」のように書かれます。

　流派・派閥などが分かれている業界・分野の場合、「村上先生の門下に入る」「門弟となる」という言い方もよく使います。

関連

　直接指導を受けたわけではないものの、個人的にある人を尊敬し、著書などを通じて密（ひそ）かに学ぶことを「私淑する」と言います。「私」は「ひそかに」という訓読みを持っています。「長年私淑していた名経営者に会うことができ、感激した」のように使います。

　ですから、「大学時代に私淑したゼミの教授と、久しぶりに再会した」のような例文は誤りです。直接指導を受けた相手に対して「私淑する」は使えないのです。

025 ひとかたならぬ

△とても手伝ってもらってしまって。
↓
○ひとかたならぬお力添えを賜(たまわ)りました。

こんなときに
・あらたまった挨拶や書面などで、多大なる支援・助力に感謝するとき
・感心すべき量の努力などを言い表す場合

「とても」を連発したり、「めちゃくちゃ」「超」「すごく」などの口語的な強調語を用いたりすると、幼く聞こえてしまいます。
　友人同士、身近な同僚同士なら、「超助かった！　ありがとう」で済むときも多いでしょう。しかし、「親しき仲にも礼儀あり」と言いますし、いざというときのあらたまった言い方も覚えておきましょう。

まず、「ひとかたならぬ」は「並々でない」「並外れた」という意味の古風な表現です（「一方」自体は普通程度、通り一遍という意味です）。同じ意味を熟語で表すなら、「格別」「格段」です。

　せっかくこの表現を用いるのであれば、「ひとかたならぬお引き立てに感謝いたします」のように、一緒に使う言葉もレベルアップしたいところです。「お引き立て」「お力添え」「ご尽力」「ご厚情」などを覚えておきましょう。

　また、「君の勝利はひとかたならぬ努力の賜物だ」というように、努力などを讃えるときにも用いることができます。

関連

「並々でない」の意味を、能力や度量に対して用いる場合、
・常識外れの
・規格外れの
・桁違いの
・比類ない
なども使われます。
　少々仰々しいのですが、
・空前絶後（前にも後にもない）
・未曾有（これまでにない）
などの表現もあります。

026 ひとえに

△これは本当に、皆さんに色々アドバイスしてもらったおかげです。ありがとうございます。
↓
○これもひとえに皆様のご指導・ご鞭撻(べんたつ)の賜物(たまもの)と厚く御礼申し上げます。

こんなときに
・お礼を言う際、大変お世話になったことを強調するとき
・お願いをする際、切実な心境であることを訴えるとき

「偏(ひとえ)に」の漢字は、「偏る」という字です。ただそれだけである様子、そのことだけが原因・理由であることを強調する言い方です。
「会の成功は、ひとえに加藤さんのおかげです」

「ひとえに先生のご指導が良かったからです」
というように、立役者・功労者を持ち上げる際に用いることができます。

　また、ひたすらに、ただ一つのことに気持ちを注ぐさまにも使います。
「ご助力のほど、ひとえにお願い申し上げます」
「ひとえにお詫び申し上げます」
などと用いられます。

　なお、一重まぶたや紙一重の「一重」という漢字変換にはしない方が安心です。語源的にはつながっているのですが、この「ひたすら」の意で受け取ってもらいにくくなる恐れがあります。
「偏に」の漢字も、こちらは読めない人もいるでしょうから、ひらがなで書くのが無難でしょう。

関連

　特にその人のおかげであることを強調する場合、
・全くもって
（例文）　今回は、全くもって高橋さんのお手柄ですよ。
・ただただ
・他でもなく
（例文）　イベントを成功裡に終えられたのは、他でもなく中村さんのおかげです。
という表現が使われます。

027 | 迂闊(うかつ)

△うっかり添付ファイルを開いてしまったんです。
↓
○迂闊にも、添付ファイルを開いてしまったのです。

こんなときに
・自分の注意不足で失敗したことをお詫びするとき
・人の注意不足・怠慢を指摘するとき

　注意や心の準備が足りないという意味です。偶然にも、類義語の「うっかり」と音が似ているのですが、語源は違います。
「迂闊」は「迂遠」同様、回りくどく、実際には役に立たないという意味の言葉でした。その、役に立たないニュアンスから、自分の注意不足による過ちをいう言葉になりました。
　謝罪の際には、普段よりもあらたまった言葉で臨みた

いものです。「うっかり忘れていました」と言うよりも、「迂闊にも失念しておりました」と言う方が真摯な印象を与えます。

　なお、「未熟者で」「力が及びませんで」と言った場合、根本的に能力が足りていないことを意味しますが、「うかつにも」と表現した場合には、本来ならできるはずなのに一時的にぼーっとしていた、とか、油断してやるべきことを忘っていた、とかいう状態がイメージされます。

　ですから、人を注意する際、
「このような計算ミスを見落とすとは、君も迂闊だったのではないか」
と指摘すれば、注意不足を責めつつも、同時に「本当は君はできるはずだ」というメッセージが伴い、激励にもなるのです。

関連

　考えが足りない様子を言う場合、他に、
・浅はか
(例文)　今回の件は、私が浅はかでした。
・軽はずみ
(例文)　軽はずみにも、クリックしてしまいました。
・軽率
(例文)　あの段階で告知したのは軽率でした。
といった表現があります。

028 ｜ 失念

△完全に忘れていました。

↓

○お恥ずかしいことに、すっかり失念しておりました。

こんなときに
・依頼や約束を、うっかり忘れていたことを詫びるとき

　時には何の弁解の余地もなく、ただ忘れていたというときもあります。ただ「忘れていました」とは言いづらいとき、言葉を一段階グレードアップしましょう。
　言っているのが呆れた失敗や情けない話であっても、言葉遣いを硬質にすることで、あらたまった印象になり、ビジネス上のやり取りの中に何とか組み込むことができます。
「忘れた」を「失念した」とする以外にも、

・失くした→紛失

- サボる→怠慢、疎かにする
- タイミングを逃した→機を逸した
- ダラダラしている→緊張を欠く
- 思い込んでいた→認識に誤りがあった
- 遅れている→遅滞している
- やらかした→失態を演じた、不始末をしでかした、粗相をした
- やる気がない→意欲に欠ける、動機付けが不足している、機運が高まっていない、消極的

　など、硬質な言葉に改めることで、言い訳の余地のない失敗やミスも、謝罪文の中に織り込むことができるようになります。
　なお、形の似た熟語に「放念」があります。これは、「気にしない、心配しない」という意味です。「放念しておりました」とは使わず、手紙文などで、「私たちのことはお気遣い不要です」と伝えたいとき、「こちらのことはご放念ください」と書くことがあります。

関連

　勘違いを詫びる場合には、相手の説明不足を責める言い方にならないよう、
- こちらの認識に誤りがありました。
- そそかっしくも、心得違いをしておりました。

と、自分の側の非を認める表現にしましょう。

029 | 慚愧(ざんき)

△私のせいでこんなことになってしまって、我ながら恥ずかしい限りです。

↓

○このような事態を招いたことは、すべて私どもの不徳によるものであり、慚愧に堪えません。

こんなときに
・失敗を詫びる際、自分(たち)としても、ありえない酷いことだと認識していると伝えたいとき
・自分の力不足や失敗に言及するとき

「慚愧」は「慙愧」とも書き、自分の見苦しい言動に恥じ入る気持ちを言います。今日ではお詫びの場面によく用いられ、政治家や企業の謝罪会見などでよく使われています。

謝罪の場面では、真摯に反省している姿勢を示さなくてはなりませんが、「慚愧の念に堪えません」というフレーズを入れることで、現段階では自分の言動の誤りに気付いていること、深く恥じ入って反省していることを示します。
　この語は元は仏教用語でした。仏や高僧などの有徳の存在とは全然違う、愚かな自分に恥じ入る気持ちを言いました。ですので、
「拙作が先輩方の力作と並べられ、慚愧の念に堪えません」
のように、謙遜する意味でも使うことができます。

関連
　失敗してばつが悪く、恥じ入る気持ちを言う硬い表現には、他に
・汗顔（赤面）の至り
（例文） 昔の言動を思い返すと、身の程知らずで、実に汗顔の至りです。
・穴があったら入りたい
・顔から火が出る
・身の縮む思い
・顔向けができない（合わせる顔がない）
（例文） このような結果では、お世話になった先輩に顔向けができません。
などがあります。

030 | 鑑みる

△ 最近の社会情勢からすると、問題になりそうなので、放送をとりやめました。

↓

○ 昨今の社会情勢に鑑み、放送をとりやめました。

こんなときに
・前例や法律、社会情勢に基づいて検討したことを伝えるとき
・延期や中止などの、ネガティブな結論になったことを報告するとき

　手本に照らして考えること、他と比較して検討することを言います。鑑は「かがみ」と読み、鏡に通じる字です。「鑑みる」と言った場合、単に「考える」というのとは少し違い、前例や法律、社会情勢などに照らし合わせる、という意味をもつ動詞です。

「〜"に"照らして考える」という意味の動詞ですので、助詞に注意が必要です。よく「前例"を"鑑みると」と書かれているのですが、実は誤りで、「前例"に"鑑みると」なのです。

「鑑みる」は、いい加減に軽々しく判断したのではない、諸々の情報を踏まえて丁寧に検討した結果である、という真摯で重みのある印象を与えられる語です。そのため、

「本日のイベントは諸般の事情に鑑み、中止いたします」

「昨今の電力不足に鑑み、深夜の営業を見合わせます」

のように、延期や中止を知らせるお詫びの文章でよく使われています。

関連

　よく調べ、じっくりと考えるという意味では、

・熟考（熟慮）する

（例文）　今回の人事案は熟考に熟考を重ねた結果です。

・吟味する

（例文）　各社の資料をよく吟味して、結論を出したいと考えております。

・思案する

（例文）　何とかならないか、私どもも思案しております。

・思料する

（例文）　本件は特に悪質極まりなく、脅迫に該当すると思料いたします。

といった動詞があります。特に「思料する」は、法曹関係者がよく用いる表現です。

031 　心ならずも

△ついひどいことを言ってしまいました。今のは無しで、お願いいたします。すみません。

○心ならずも失言をしてしまいました。発言を撤回し、謹んでお詫び申し上げます。

こんなときに

・相手に対して、もののはずみで失礼なことをしてしまったとき
・不本意な展開を、しぶしぶ受け入れなくてはならないとき

　自分の本心からの言動ではない、と説明する言葉です。「も」は逆接を示しています。
　この表現がよく使われるのが、失礼な言動を詫びる場面です。例えば、会話の勢いで口が滑って不適切発言を

してしまったとき、それは本心でなく言葉の綾なのだ、あなたに対する悪意はないのだ、と弁解するわけです。それが冒頭の例文です。

　それ以外にも、「雨が強くなり、心ならずも引き上げざるを得なかった」というように、自分の思い通りにならず、仕方なくそうする、という不本意な思いを表現できる言葉です。
「心ならずも、出席が叶いませんで」と、欠席を詫びる言い方もできます。

関連
　不本意ながら受け入れることを示す際、
・やむを得ない
（**例文**）　このまま採算が取れないようなら撤退もやむを得ない。
・やむなく
（**例文**）　時間制限もあり、やむなく承認しただけで、本当はもっとやれたと思っている。
・不承不承
（**例文**）　不承不承雑事を引き受けているだけであって、別にやりたいわけではない。
・余儀なくされる
（**例文**）　売上が伸び悩み、閉店を余儀なくされた。
などの表現を用います。

　不同意をにおわせることを言う「難色を示す」も、譲歩の形にして「彼は難色を示しつつも、書類にサインした」のように、不本意さを表現するのに使われます。

032 | 襟(えり)を正す

△ これからはちゃんと気を引き締めて、業務に励みます。
↓
○ 今後は襟を正し、業務に邁進(まいしん)する所存です。

こんなときに
・反省の意を示し、今後誠実に取り組むことを宣言するとき
・気持ちを入れ替えて、きちんと臨むよう人に注意するとき

「襟を正す」は文字通り、襟を整えて服装をきちんとするという意味でした。中国古典の『史記』でも「纓(冠の紐)を猟(と)り、襟を正して危坐す」と言う風に使われている、歴史のある言い回しです。
そこから転じ、態度を改めて引き締まった気持ちで臨む、という意味で使われています。

例えば、自分たちのミスを詫びるときに、「今後はこのようなことを繰り返さないよう、気持ちを入れ替え、しっかりと対応していく」という内容を「今後は襟を正して」と言えば、一言で伝えられるわけです。「ちゃんとする」「きちんとする」などと言うより、あらたまった印象の慣用表現です。
　また、「襟を正し、再発防止に努めてもらいたい」「今回の研修には外部の講師をお招きしているので、襟を正して聞くように」というように、人を諭す場面でも用いられます。

関連

　きちんとした姿勢で座り直し、重々しくあらたまった態度になることを、
・居住まいを正す
（例文）　間もなく先生がご到着になります。皆様、大変恐縮ですが、一度居住まいを正していただけますか。
・膝を正す
（例文）　膝を正し、背筋を伸ばして話を聞くようにしよう。
・威儀を正す（繕う）
（例文）　名誉にも授賞式に招かれたので、威儀を正して参列することとしたい。
などと言います。
　なお、正座をやめて足を楽にすることは「膝を崩す」と言います。「どうぞ膝を崩して（楽な体勢にして）ください」と言われてホッとした経験もあるのでは？

033 | 忸怩(じくじ)

△ こんなことで心配をかけて、自分でも悔しくてなりません。

↓

○ こうしたことでご心配をおかけするのは、私としても忸怩たる思いです。

こんなときに
・自分でも不本意な過ちに関し、深い反省を伝えるとき
・自分の行いに対するもどかしさ、悔しさなどを語るとき

「忸」も「怩」もあまり見慣れない字ですが、どちらも感情を意味する「りっしんべん」を含んでおり、恥ずかしくて顔を赤くするという心情を表す字です。2字を合わせた「忸怩」も当然、深く恥じ入ることを表します。「忸怩たる思い」「忸怩たるものがある」という形で使われることが多いです。

自分の犯した過ちを恥ずかしく思う、という意味です。過ちを自覚し、深く反省していることを伝えられる言いまわしです。
　不甲斐ない自分を恥じるとき、自分に対して怒りや悔しさが湧くこともあるでしょう。「先を越されて、内心忸怩たるものがあった」のように使うとき、そうした思いを感じさせます。
　ただし、この言葉はあくまで自分に対する思いです。他に対するもどかしさや憤りを表明するのには使わないのが、本来の用法です。
「地震の被害に忸怩たる思いを募らせる」
「政治家の汚職が続き、忸怩たる思いだ」
といった使い方は誤りです。
　また、「じくじ」という音から、「グジグジ悩む」という意味だと誤解している人もいるそうですが、漢字の意味を知っておけば、間違えないはずです。

関連

　自分でも恥ずかしい、情けなく思うという気持ちを表現するときに、
・お恥ずかしい限りだ
・不甲斐ない
・不面目（面目ない）
といった表現を用います。
（例文） 勝負をかけたコンペであったが、不面目な結果に終わった。

034 | 申し開き

△ 完全に私が悪いです。

↓

○ 全く申し開きのできないことでございます。

こんなときに
- 「申し訳ありません」よりも、あらたまった謝罪をするとき
- 相手に強くなじられて、非を認めるとき
- 自分のミスに関し、弁解や事情説明をするとき

　追及を受けたときに、そうならざるを得なかった理由・事情を弁明することを「申し開き」といいます。「申し開きもできません」と言えば、もう何の弁解もできないほど自分の側に過失があるという意味です。責任を一手に引き受ける覚悟を感じさせる、謝罪のフレーズです。

　深い謝罪を意味する近い表現には、「お詫びのしよう

もございません」「お詫びの言葉もございません」「何の弁解もできません」があります。
　一方で、企画を突き返されたとか、意見を否定されたとか、そういった場面でもう少し食い下がりたいときにも、この「申し開き」を使用することがあります。
「申し開きを聞いていただけないでしょうか」
「どうか少し、申し開きをさせてください」
と言って、自分の言い分を説明するのです。

関連

　謝罪の定番である「申し訳ありません（ございません）」ですが、この「申す」は謙譲語です。その敬語をはずすと、「言い訳はありません」になります。自分に完全に非があり、何の言い訳もない、と認めているわけです。
「言い訳はない」と言っている謝罪文句ですから、前後に見苦しい言い訳をするのはやめ、潔く詫びるようにしましょう。「申し訳ありません。しかし我々としても……」のように続けてはならないということです。
他にお詫びでよく使われるフレーズを列挙しておきます。
・失礼いたしました
・心よりお詫び申し上げます
・何卒ご容赦ください
・ご寛恕(かんじょ)のほど、よろしくお願いいたします。
・陳謝いたします（「陳」は「のべる」とも読み、「陳謝」は謝罪を述べるのにも、感謝を述べるのにも使います）
・深謝いたします（謝罪・感謝、両方に使います）

035 ｜ 猛省

△ 私が至らなかったと、とてもとても反省しております。

↓

◯ 私の不徳の致すところであったと、猛省しております。

こんなときに
・深い反省を伝え、謝罪するとき
・深く反省してもらいたいと言うとき

　深く反省し、厳しい態度で自分を戒めることをいいます。口頭で用いるよりも、メールなどの文章でのお詫びによく登場します。重めの言葉ですので、安易に多用しないようにしましょう。

　乱発してはいけないのは、「誠に反省しております」「深く反省しております」のように、強める言葉を施したフレーズも同じです。なお、「誠に心から深く猛省

し」のように強める言葉を被せるのは、かえって薄っぺらく聞こえますので、不適切です。

そもそも反省とは「自分の普段の行動、あり方を振り返り、それで良いか考えること」です。注意されたから仕方なく謝っているだけである、という消極的な印象を与えないように、当事者として問題を引き受けていることが伝わるように使いましょう。

「今回の件は、猛省しております。今後は再発防止のため、複数人数での状況確認を徹底してまいります」のように、反省した結果としてどのような改善行動を取るのか、できるだけ具体的に語れるようにしましょう。

「猛省を促す」というように、他人に対し、反省するように指導するときにも使う言葉です。

「彼らには猛省してもらう必要がある」

「迅速な処置を怠った点は、猛省に値するだろう」

という使い方です。

関連

「懺悔」という語があります。過去に犯した過ちや、人には言いづらい話を打ち明けることを言います。

日常的には「ざんげ」と読まれますが、仏教用語としては「さんげ」と読み、仏や菩薩、師の前で罪悪を告白し、悔い改めることを言います。

キリスト教の場合、罪の告白と償いは宗派によって概念や呼び方に違いがあり、懺悔（聖公会）の他、ゆるしの秘跡（カトリック教会、以前は「告解」が多かった）、痛悔機密（正教会）と呼びます。

036 　胆に銘じる
（きも）（めい）

△佐藤さんのアドバイス、しっかりと覚えておきたいと思います。
↓
○佐藤さんのご助言、胆に銘じます。

こんなときに
・助言をもらったとき、それを参考にさせてもらう、覚えておくと伝えるとき
・注意事項に留意して行動すると宣言するとき

「胆力（たんりょく）」「大胆」「肝っ玉」という言葉があるように、「きも」（胆・肝）は人格の芯となる部分だと考えられてきました。また、「銘じる」は、器や金石などに文字を刻み込むことです。
　したがって、「胆に銘じる」は、言われた忠告・助言などを、心に刻み込んで、決して忘れないようにするこ

と、しっかり覚えておこうとすることを意味します。相手からの言葉を確かに受け止めたことを伝えます。
　同じ「銘」を用いる言葉に、「感銘を受ける」があります。深く感動し、その記憶がずっと続くように思われる様子です。話に感動した際、感想として用いられる表現です。
「座右の銘」は、座席の右のような身近なところに、刻み込むなどして、日々のモットーとする言葉のことを言います。「銘品」「銘菓」などの表現もありますが、これは特に優れた品物に付ける名前、ブランドのことを「銘」と言うので、生まれた言葉です。

関連
　忘れないで、しっかり覚えておくことを言う表現に、
・脳裏（網膜）に焼き付ける
・心（記憶）に留める
・心（胸）に刻む
があります。また、話や知識などを自分の一部になるよう取り込むことを「血肉とする」「血肉化する」「体得する」と言います。
・血肉とする（血肉化する）
（例文）　今日の話を血肉化して、実践してもらいたい。
・糧とする
（例文）　今回の失敗経験も一つの糧にして、次に成果を出せばいい。
・体得する
（例文）　講義を受けても、体得しなくては意味がない。

037 | 賜る

△どうか分かっていただけないでしょうか。
↓
○何卒ご理解を賜りますようお願い申し上げます。

こんなときに
・協力や理解をお願いするとき
・プレゼントや土産(みやげ)をもらい、お礼を言うとき
・「いただく」「頂戴する」が続いてしまい、別の表現を織り交ぜたいとき

　謙譲語で、目上の人からもらうことを言います。日常的には「いただく」「頂戴する」のほうがよく使われていますが、それが文章中に続いてワンパターンになりそうなときは、時々この「賜る」を織り交ぜると良いでしょう。
　「大倉様には多大なご支援をいただき、激励のお言葉ま

でいただきました」
　↓
「大倉様には多大なご支援を賜り、激励のお言葉までいただきました」
「賜る」は「頂く」よりも古風で上品です。お礼の言葉でも、
「ひとかたならぬご助力を賜りましたこと、御礼申し上げます」
「このような品物を賜り、誠にありがたく存じます」
などと使うと、格式の高い印象になります。
　お願いをする際にも、
「小林様のお導きを賜りたく、お願いに上がりました」
「ご理解を賜りますようお願いいたします」
などと使うと、丁重に依頼をすることができます。

関連

「賜る」から派生した言葉に、「承る」があります。読みを考えれば、「受け賜る」が転じたものだと分かります。「お聞きする」「お受けする」という謙譲語です。電話などで、自分が電話を受け、話を聞いたという意味で、「私、松本が承りました」と挨拶します。
　また、「賜物」という名詞もあります。贈り物のこととも言えますが、現在ではもっぱら「丸山さんのご指導の賜物です」のように、「○○の賜物」の形で使い、ある人のおかげで得られた良い結果を言います。

038 〜にあずかる

△お褒めいただき、嬉しいです。
↓
○お褒めにあずかり光栄です。

こんなときに
・目上の人から褒めてもらったり招いてもらったりして、お礼を言うとき
・結婚式などのスピーチを担当するとき、司会に紹介されて自己紹介をするとき

「与る」と書き、関与・参与することをいう動詞です。それが転じ、願わしいことに関わったり、その恩恵を受けたりすることを言うようになっています。
　ですから、「お招きにあずかる」(パーティーや家に招いてもらうこと)「ご高覧にあずかる」(見てもらうこと)のように、目上の人が自分のためにしてくれた言動に関して「あずかる」を使うと、それをありがたく思っていることを示すことができます。

「お褒めにあずかる」という表現も、あなたに認めていただけるとは大変光栄だ、というニュアンスをこめられるので、相手を立てる表現になります。褒められた後の対応の仕方に悩んでいる人は、この言い回しを覚えておくと便利です。

目上の人から食事や飲み会などに誘われたときに言う、「お相伴にあずかります」もこの用例です。

先方に支払いをしてもらったときのお礼でも、「ご馳走にあずかり、恐れ入ります」と使うことができます。

よく使われているのが、「ただいまご紹介にあずかりました、新郎の友人の山口と申します」というような、結婚式などのスピーチの場面です。「ご紹介を賜りました」とも言うことができます。

なお、ここで述べたのは、「〜"に"あずかる」という形で使った場合の用法で、「〜"を"あずかる」という助詞にすると「預かる」の意味に変わってしまうので、ご注意を。

関連

他に「あずかる」を「関与する」の意味で用いる例に、「それは、私の与り知らぬところだ」があります。関与していないので、詳しい内情は分からない、という意味です。

「分け前にあずかる」は、他の人の利益を一部分けてもらうことを言います。

039 | 僭越(せんえつ)

△私なんかがやらせていただくのも悪いんですが……。
↓
○僭越ながら私が務めます。

こんなときに
・自分には不釣り合いなほどの大役を任されたとき
・話し合いで、目上の人に対して批判・反論するとき

「僭」も「越」も踏み越えることを意味する字ですから、「僭越」は自分の身分・地位・役割を越えて、出過ぎた真似をすることをいいます。
「僭越ながら」と言うと、そうした分不相応な態度になってしまっていることを自覚しつつ、「身の程を弁(わきま)えずに失礼なことをして恐縮ですが」と伝える言葉になります。
　スピーチなどの大役を務めるときに、
「僭越ながら、わたくし山口がスピーチを担当させてい

ただきます」
と始めます。
　議論をしている中で、目上の人に対して批判・反論しなくてはならないとき、
「僭越ながら、一つ意見を言わせていただきます」
「私がこのようなことを申し上げるのは、僭越ではありますが」
とワンクッション謙遜を挟んで切り出すことで、不遜な人間だと思われることを防げるはずです。

関連
　自分の立場を越えた言動に関しては、次のような表現を用いて謙遜するのが安心です。
・不躾ながら
・差し出がましいようですが
・おこがましいのですが
・出過ぎた真似のようですが
・生意気を申すようですが
　なお、お節介に当たるかもしれない助言をするときは、「老婆心ながら」というクッション言葉があります。おばあさんが不必要なまでに人の世話を焼く様子からできた表現ですが、性別にかかわらず、後輩や部下に忠告する際に使います。

040 ｜ 厚誼（こうぎ）

△これからも、どうぞ我が社をお願いいたします。

↓

〇今後とも弊社にご厚誼を賜りますよう、伏してお願い申し上げます。

こんなときに
・仲良くしてくれた人、贔屓（ひいき）にしてくれた顧客・取引先にお礼を言うとき
・今後ともよろしくお願いしたいと頼むとき

　誼の字はよしみ、親しみを言います。それが手厚いことを言うのが「厚誼」です。それに「御」を付けることで、人に親切にしてもらったり、取引先や顧客に贔屓にしてもらったりすることを敬って言う表現になります。
・木村様には格別の御厚誼を賜りました。
・日ごろの御厚誼に感謝し、会員様限定のセールを開催

いたします。

　近い言葉に「御厚情」があります。個人同士のお付き合いに関して言うなら、こちらでしょうか。

　お願いをするときにも、「厚誼」を用いることができます。「注文してくれ」「手伝ってくれ」と具体的・直接的なお願いをするのは憚られますが、「御厚誼のほど、よろしくお願いいたします」と言うのなら、切り出しやすいものです。

関連

　同じ「こうぎ」に、他の漢字変換もあります。いずれも近い意味なのですが、厳密に言えば、

・交誼……心が通い合った交際。
(**例文**)　小川君とは交誼を結んで早十年になる。
・好誼……他人が自分に寄せてくれる友好の情。心のこもった親しみ。
(**例文**)　長年の好誼に報いるためにも、応援させてもらおう。
・高誼……並々でないよしみ。「高覧」「高評」同様、特に目上の人からのものを言う。類語に「高配」。
(**例文**)　在職中はひとかたならぬご高誼にあずかりまして……。

という違いがあります。

041 | 衷心(ちゅうしん)

△本当に申し訳なく思っております。
↓
○衷心よりお詫び申し上げます。

こんなときに
・心をこめて応援や謝罪を伝えるとき
・電報などで、お悔やみの言葉を届けるとき

　衷は「和洋折衷」などの語で使われている字ですが、「真ん中」「片寄らない中央」という意味です。したがって「衷心」とは心の核心、真心の奥底を言います。「心より」「心から」「心(腹)の底から」というのを丁寧に言おうとするとき、「衷心より」を用いるわけです。
　主に書き言葉で用いられる言葉で、お悔やみの電報でもよく使われます。
・衷心より哀悼の意を表します。
・衷心よりご冥福をお祈りいたします。

042 忌憚(きたん)のない

△厳しい意見でも、はっきり言ってください。

↓

○忌憚のないご意見をお聞かせください。

こんなときに
・遠慮なくはっきり意見を言ってもらいたいとき
・率直な意見を相手に伝えるとき

「忌憚」は訓読みすると「忌み憚る」、気を遣って遠慮することです。「忌憚なく」「忌憚のない」と言うと、遠慮抜きに率直な意見を述べる様子を言います。本音で指摘をする際には「忌憚なく言わせてもらうと」と前置きすると良いですね。

関連
遠慮せず、自由に言う様子は以下のようにも言えます。
・ざっくばらんに　　　・腹を割って
・歯に衣(きぬ)着せず　　　・気兼ねなく

043 | 労を執る

△仲介してもらって、すみません。
↓
○仲介の労を執っていただき、かたじけなく存じます。

こんなときに
・手間を引き受けてもらったことに感謝するとき
・役割を引き受けると申し出るとき

「労を執る」は、ある人のために、わざわざ何かをすることを言います。働きをして、骨を折ること。
　人の動作に使えば、その手間をねぎらい、感謝する気持ちを表すことができます。
　自分の動作に使う場合には、恩を売るような、自分の功労を強調するニュアンスがあります。「せっかく私が仲裁の労を執ったのに、また間をあけずに喧嘩をしたそうだ」など。

044 しかるべき

△降格になって当然だ。

○降格になってしかるべきだ。

こんなときに
・「当然だ」と言うとき
・重みをにおわせたいとき

「しかるべき」は「然る（＝そうある）べき」と書き、「そうあって当然だ」「ふさわしい」「もっともだ」という意味です。なお、「しっかり」は単に音が似ているだけで、別の語です。

交渉の場面では、具体的には言わないものの、それなりに重く厳しいものをイメージしている、という場合に使われます。「しかるべき人物を出せ」と言えば、店長や責任者など、重みのある立場の人間を出してもらいたいときですね。「しかるべき対処を考えている」と言えば、裁判などの法的措置などを考えているパターンです。

045 遺憾(いかん)

△こんなことになってしまって、我が社としても残念です。

↓

○このような事態になってしまい、弊社としても遺憾に存じます。

こんなときに
・自分の過ちに関して、釈明をするとき
・非難の意を表現するとき

「遺憾」は、思い通りにならなくて心残りがあること、残念なことです。憾は「恨み」「物足りず、心残り」に思うことを意味する字です。「誠に遺憾ながら、欠席いたします」と言うと、無念さが滲みます。

よく謝罪の場面で用いられますが、「誠に遺憾です」というフレーズは「いや〜、私も残念ですよー」と、どこか他人事(ひとごと)のように言っている印象も与えますので、使

うときには注意が必要です。
　本来の語義としては、自分自身の過ちではなく、他に巻き込まれたとき、天災などのやむを得ない理由でうまくいかなかったときなどに、不本意な気持ちを言うものです。
　一方で、相手の言動などに納得がいかないとき、心外だ、と非難するのに、
「このような事態となり、誠に遺憾です」
「遺憾の意を表します」
と使うこともあります。外交関係のニュースでよく耳にする使い方です。

関連

　再三指摘しても改善が見られないなど、悪質性が高い場合には、厳しい表現で非難する必要も出てきます。「極めて遺憾です」の他、
・〜は当然と考えておりました
・失望いたしました
・大変迷惑しております
・甚だ困惑しております
・さすがに看過できません
などの表現があります。憤りを感じていても、できれば語気は荒らげず、上品さを保つようにすることがポイントです。

【コラム　新語・流行語】

人生100年時代
2007年に日本で生まれた子の半数が、107歳まで生きるという研究データがある。長寿社会を豊かに暮らしていくために、仕事・学び・ライフスタイルを再検討しようという問題提起。

インフルエンサー
SNSのフォロワーが多いなど、世間に対する発信力・影響力が大きい個人のこと。

エゴサ（エゴサーチ）
検索エンジンやSNSの検索機能を使い、自分の本名やハンドルネーム、自社の商品・サービスの名を検索すること。話題になっている度合い、本音の評価・感想などを確認するために行われる。

応援上映
映画上映の一形態。観客が声を上げたり、サイリウム（ペンライト）を振ったり、コスプレをしたりして映画に参加するような感覚、客同士の一体感を楽しむ。発声上映などと呼ばれることもある。

○○ロス
喪失感から精神が不安定になることを言う。元は「ペットロス症候群」のような使い方に限られたが、最近では、芸能人の引退や結婚、ドラマ・アニメの放映終了や推し（応援している人・キャラクター）の出番終了、商品の発売停止などに関し、幅広くカジュアルに使われるようになっている。

第 3 章

敬語を間違えて恥をかかないために

046 尊敬語と謙譲語の混同例①
どうぞご自由にいただいてください。

△どうぞご自由にいただいてください。

○どうぞご自由に召し上がってください。

敬語には、尊敬語・謙譲語・丁寧語があります。文末を「です」「ます」「ございます」とする丁寧語は、ルールがシンプルで習得しやすいのですが、尊敬語と謙譲語はもう少し複雑です。この2つを混同する人がいます。

相手や目上の人など、敬うべき人物の動作に使うのが尊敬語です。逆に、自分や自分の家族など、身内の動作に使うのが謙譲語です。

なお、顧客や取引先などの社外の人物と話すときには、自社の人間は全て身内扱いになりますので、たとえ社長

でも謙譲語で表します。社内で話しているときの習慣で、尊敬語を使ってしまわないよう注意する必要があります。

　尊敬語・謙譲語には特別な動詞を用いることがあります（表参照）。例文内の「いただく」は、「食べる」の謙譲語です。気を遣う相手に呼びかけるのであれば、尊敬語「召し上がる」を用いなくてはなりません。

通常	尊敬語（目上の動作）	謙譲語（自分側の動作）
する	なさる	いたす
いる	いらっしゃる	おる
行く・来る	いらっしゃる おいでになる お越しになる	参る うかがう
言う	おっしゃる	申し上げる、申す
見る	ご覧になる	拝見する
食べる	召し上がる	いただく

ここがポイント
・目上の人が主語のとき＝尊敬語、自分（たち）の動作のとき＝謙譲語
・尊敬語と謙譲語の特別な動詞は覚える

練習問題　下線部を正しく改めなさい
①どんどんご意見を<u>申して</u>いただければ。
②順番に<u>拝見して</u>くださいませ。
③ご都合の良い店舗に<u>うかがって</u>ください。

（解答）①おっしゃって　②ご覧になって　③お越しになって／いらっしゃって

047 尊敬語と謙譲語の混同例②
ご利用してください。

△ご利用してください。

↓

○ご利用になってください。

「言う」には「おっしゃる」という尊敬語がありますが、「入る」にはそうした特別な単語はありません。特別な尊敬語・謙譲語がないものは次のように変化させます。

 尊敬語 お（ご）〜になる
    （お［ご］）〜なさる
    〜（ら）れる
    〜ていらっしゃる

 謙譲語 お（ご）〜する
    （お［ご］）〜申し上げる
    〜いたす

冒頭の例文、「ご利用してください」では「ご〜する」という謙譲語が使われています。この例文は、相手に呼びかけており、尊敬語を使うべき文脈ですので、「ご利用になってください」「ご利用なさってください」のように改めなくてはなりません（簡略化して「ご利用ください」とも言います）。

「ご利用する」「お渡しする」などは謙譲語なのですが、「お」「ご」が付くので、尊敬語だと誤解しがちであるようです。注意しましょう。

「ご〜する」が謙譲語扱いなのは、可能の意味が加わる場合も同様です。「ご利用できません」は、可能を外すと「ご利用しません」と謙譲語になってしまうので、「ご利用になれません」（もしくは「ご利用はできません」「ご利用いただけません」）とします。

ここがポイント

・尊敬語は「お（ご）〜になる」、謙譲語は「お（ご）〜する」と改めるのが基本

練習問題　下線部を正しく改めなさい

①お客様、書類を<u>ご提出して</u>ください。
②カードを<u>お見せして</u>ください。

（解答）①ご提出になって／ご提出　②お見せになって／お見せ

第3章　敬語を間違えて恥をかかないために

048 尊敬語と謙譲語の混同例③
何と申されましたか？

△何と申されましたか？

↓

○何とおっしゃいましたか？

　上の例文中の「申される」には、尊敬の助動詞「〜れる」が使われています。話し手は「〜れる」を使っているので、尊敬語を使っているつもりなのでしょうが、謙譲語の動詞である「申す」に付けたのが間違いでした。

　このように、"謙譲語の動詞＋尊敬の助動詞「れる」「られる」"を相手の動作に用いてしまう間違いはよく見られます。尊敬の助動詞を用いたとしても、謙譲語の動詞を相手の動作に用いてはならないのです。

　先程の「申される」は、元の「言う」のまま、「言われましたか？」と付ければ、認められる言い方でした（「言われる」では、受け身などと区別がつきにくいという問題はありますが）。

　尊敬語の特別な動詞があるので、「おっしゃいまし

か？」と改めるのが一番分かりやすいわけです。

他にも、
「拝見されましたか？」→「ご覧になりましたか？」
「おられますか？」→「いらっしゃいますか？」
「参られます」→「いらっしゃいます」
「存じ上げていらっしゃいますか？」→「ご存じですか」
など、謙譲語の動詞に尊敬語の語尾を付けてしまっている例を見かけます。矢印の右のような正しい表現を用いるようにします。

漠然と「敬語を使う」と思うのでなく、「尊敬語を使う」「謙譲語を使う」と区別して意識しましょう。

ここがポイント
・謙譲語の動詞に「〜れる」や「お〜になる」「〜なさる」「〜ていらっしゃる」を付けても、尊敬語にはならない

練習問題　下線部を正しく改めなさい
①不明点は受付にうかがいなさってください。
②こちらの料理はいただかれますか？
③お客様が参上されてから、調理を開始します。

(解答) ①お尋ね（お聞き）になって／お尋ね（お聞き）　②召し上がりますか
　　　③お越しになって／いらっしゃって

049 | うっかり身内を敬ってしまう例
弊社の山田部長よりご挨拶申し上げます。

△弊社の山田部長よりご挨拶申し上げます。

◯弊社の山田よりご挨拶申し上げます。

　組織外の人と話す際には、社長でも誰でも自分と同じ身内扱いです。
×「部長がおっしゃっていました」
◯「部長が申しておりました」
　身内の動作は謙譲語の動詞を用いて表現する、という点を意識している人でもうっかり間違えてしまうのが、呼び方です。
・山田部長
・山田さん

の「部長」「さん」は敬称に当たります。それらは取り、「山田」と呼び捨てにするべきです。

もし役職を説明する必要があるときには、
「部長の山田が申しておりました」
というように、敬称ではなく、あくまで役職説明として手前に言うようにするのです。

なお、役職を前に書くという方法は、宛名書きの際にも使えます。年賀状などで、「山田太郎社長」のように書くと、おさまりが悪い場合には、
「代表取締役社長　山田太郎様」
とすると良いでしょう。

ここがポイント
・組織外の人と話す場合、身内のことは呼び捨てにし、謙譲語を用いる
・役職を示す必要がある場合、「社長の山田」のように、氏名の前に示す

練習問題　下線部を正しく改めなさい
①課長は、来週の火曜に<u>お戻りです</u>。
②お客様の担当は、<u>山田課長</u>です。

（解答）①戻ります／戻ってまいります
　　　　②山田／課長の山田

050 二重敬語の例①
お話しになられましたか？

△お話しになられましたか？

○お話しになりましたか？
○話されましたか？

　やんごとなきお方の多数登場する古文の世界では、尊敬語を重ねる二重敬語もよく見られたのですが、身分社会ではない現代では、二重敬語は原則として用いません。
　上の例文の「お話しになられる」では、
・お〜になる
・〜れる
と、尊敬語の表現が2つ重なっていますので、過剰です。「お話しになる」「話される」のどちらか1つにしぼる必要があります。
　会話では丁重に話そうとするあまり、つい二重敬語になってしまう場面もあるかと思いますし、それをいちい

ち答める人もあまりいないでしょう。しかし、書き言葉や前もって原稿を用意できる場面では、間違いが目立ちます。二重敬語の間違いをおかさないようにしたいものです。

なお、「お話しになっていらっしゃる」のように、間に接続助詞の「て」が入って文節が一度切れている場合には、二重敬語の間違いとはされません。ただし、あまり尊敬表現が重なると、聞いていてしつこく感じられますので、すっきりと整理して使いましょう。

ここがポイント
・現代語では尊敬語を二重に重ねない
・尊敬語の「お〜になる」に「〜（ら）れる」を重ねて「お〜になられる」とはしない

練習問題　下線部を正しく改めなさい
①<u>ご到着になられて</u>から、準備します。
②ゲストは<u>お帰りになられ</u>ました。
③もう<u>ご提出になられ</u>ましたか？

（解答）①ご到着になって／到着されて
　　　　②お帰りになり／帰られ
　　　　③ご提出になり／提出され

051 二重敬語の例②
いらっしゃられました。

△いらっしゃられました。

↓

○いらっしゃいました。

　尊敬語の二重敬語が間違いとされるのは、「いらっしゃる」のような特別な動詞の場合も同じです。
・ご覧になられる
・お越しになられる
・おっしゃられる
・お掛けになられる
・お求めになられる
など、尊敬語の動詞に「〜れる」を付けている例は二重敬語です。
　なお、「お召し上がりになる」も「召し上がる」と「お〜になる」が重なっていますので、二重敬語で誤りなのですが、広く浸透しているため、例外的に許容されています。

ただし、「お召し上がりになられますか？」として、さらに「～れる」を重ねると、さすがにわずらわしく感じられる、過剰な敬語です。
　なお、「拝見し申し上げる」のように、謙譲語の動詞に「～申し上げる」をさらに付けるのも、過剰で卑屈な印象を与えますので、注意しましょう。

ここがポイント
・特別な動詞でも、尊敬語の動詞にさらに「～れる」を重ねる二重敬語は誤り
・「お召し上がりになる」は許容されているが、「お召し上がりになられる」はNG

練習問題　下線部を正しく改めなさい
①もうお客様はお越しになられましたか？
②ご覧になられているんですね。
③ゆっくりお休みになられてください。
④先日お見えになられた方がくださいました。

(解答)　①お越しになり
　　　　②ご覧になっている
　　　　③お休みになって
　　　　④お見えになった

052 過剰敬語の例
卒業させていただきました。

△卒業させていただきました。

↓

○卒業いたしました。

　相手から許可をもらって実行する際に使う「～(さ)せていただく」という言い方があります。例えば、客に許可を取ってから、店員が作業をする場合、「お肉はこちらで切らせていただきます」などと言います。
　この「させていただく」を「お～する」や「～いたす」の代わりに、謙譲語の表現として用いている人がいます。
「こちらの資料を開かせていただきまして、ご説明させていただきますが、まず最初にお話しさせていただくのは、我々が提供させていただくサービスの理念です」
というように、「させていただく」の連発がわずらわしく感じられる話し方をする人がいるのです。
・謙譲語は「お～する」「～いたす」を用いる

・相手に直接働きかける動作以外は丁寧語のみにする
という法則に従うと、すっきりとした話し方になります。
「こちらの資料を開きまして、ご説明いたしますが、まず最初にお話しするのは、我々がご提供するサービスの理念です」
とすれば、十分なのです。

　冒頭の例文「卒業させていただきました」も、話している相手に許可をもらって卒業したわけではありませんので、「卒業いたしました」「卒業しました」で十分なのです。

　もしお世話になっている人に、日頃からの感謝の気持ちを伝えたいのであれば、「おかげさまで」を付け、「おかげさまで、卒業いたしました」としましょう。

ここがポイント
・許可を取って行う状況以外では「〜（さ）せていただく」を使わない

関連
「〜ない」を付けて、「〜ない」の直前がア段になる「行く」「言う」などの五段活用動詞は、「〜させる」でなく、「〜せる」を付けます。しかし、「行かさせていただきます」「言わさせていただきます」のように、「〜せる」と付けるべきところに「〜させる」を付けてしまう、「さ入れ言葉」という誤った使い方を見かけます。

　正しい言い方は「行かせていただきます」「言わせていただきます」です。

053 御社と貴社の使い分け

[電話で]

△「貴社の山田様に以前お世話になり」

○「御社の山田様に以前お世話になり」

　御社と貴社、どちらも相手の会社を敬う表現ですが、どう使い分けるのでしょうか？

　そのヒントは読み方にあります。「キシャ」は帰社・記者・汽車・喜捨など同音異義語が多く、耳で聞いても、パッと漢字の浮かびにくい言葉です。そこで、口頭では「御社」を使うのです。

　逆に、書類では「貴社」を使うのが一般的です。

　こうした呼称は、自分の会社をいう場合にもあります。ニュートラルに自社を言う場合には「当社」といいますが、取引先や顧客に対し、へりくだって自社を言うとき

には、「弊社」と言います。「弊害」「語弊」などにも使う弊の字で、自社を低く言うのです。口頭でも文面でも使われますが、改まった書面では、「小社」という表現も使われています。

この「小」の字は、「小職」という一人称の謙称でも使われています。この言い方はよく公務員の人に使われていますが、無理に用いる必要はありません。

目上の相手に対して用いる敬称をまとめました。

店	貴店	大学	貴学
学校	貴校（御校）	銀行	貴行
協会	貴協会	各種法人	貴法人
父	お父様、お父上／ご尊父様［電報など］		
母	お母様、お母上／ご母堂様［電報など］		
子	お子様、ご子息［男子］、ご令嬢［女子］		

ここがポイント
・御社は口頭、貴社は書類での表現
・敬称の作り方を覚える。原則として「貴」を付けるものが多い

練習問題　下線部をふさわしく改めなさい
①［応募書類］御社を志望する理由は……。
②そちらの会では入会を受け付けていますか。

（解答）①貴社　②貴会

054 「あなた」は使わない

△以前からあなたのことは存じ上げておりました。

○以前から存じ上げておりました。
○以前からご活躍は存じ上げておりました。

　日本語には、主語を省略することが多いという特徴があります。一人称の「私は」もよく省略されますが、二人称はさらに省略されます。会話の中にあえて二人称を入れてみると、居心地の悪い、落ち着かない感じが生まれます。
「ご参加になるのは、あなたとお母様ですか？」
　こう尋ねる場合、日本語では普通、「山田様（さん）とお母様ですか？」と、固有名詞を用いて尋ねます。また、

「あなたはどう思いますか？」
という問いは、必要以上に詰問調に聞こえます。「どうお思いですか？」「どう思われますか？」と尊敬語を用いれば、主語がなくても相手に話し掛けていることは十分伝わります。

　そもそも「どう思いますか？」だけでも、目の前の人に話しかけていることは十分伝わります。
「あなた」は「貴方」と書くわりには、相手を敬っている印象を与えない代名詞です。むしろ、
・他人行儀で、突き放したような印象
・先生が生徒に問うような、上から目線の印象
が生まれてしまうのですね。

　DMやアンケートなど、相手が不特定の場合には「あなたは」と書かざるを得ないでしょうが、接客などの気を遣う場面では、「あなた」を避けましょう。主語を省略したり、固有名詞で呼びかけたりする方が安全です。「お客様」「そちら（様）」など、他の角の立たない言い方を模索するのも良いですね。

　冒頭の例文でも、省略する、あるいは「ご活躍は」という表現を選ぶことで、「あなた」という代名詞を避けています。

ここがポイント
・「あなた」はできるだけ使わない
・固有名詞や「お客様」などの呼称を用いたり、主語を省略したりする

055 不自然な敬語の例
「〜してございます」は変

△ 多数の商品を取り揃えてございます。

○ 多数の商品を取り揃えております。

　分かりやすく習得しやすい敬語が、ですます調の丁寧語です。それゆえ、敬語の苦手な人には、丁寧語ばかりに頼ってしまう人もいます。

　丁寧語の中でも、特に上品な印象を持つのが「ございます」ですが、この語を多用するうち、不自然な使い方をしていることがあるのです。

A「新製品は取り扱ってございますか？」
B「取り揃えてございます」

　この会話は、どちらも不自然な「ございます」を含んでいます。そもそも「ございます」は「あります」を一段階丁重にした表現であり、

A「新製品は取り扱ってありますか?」
B「取り揃えてあります」
と置き換えると、その不自然さが明確になります。

　Aの場合、店に気を遣って敬語で話すならば、相手側の動作である「取り扱う」は尊敬語で表すものなので、
「取り扱っていらっしゃいますか?」
「お取り扱いなさっていますか?」
などとするべきです。

　一方、Bの方は自分たち側の動作なので、単に丁寧語にするよりも、謙譲語で表すほうが良いですね。「取り揃えております」に直します。

ここがポイント

・「〜してございます」という言い方はしない
・「ございます」の代わりに、相手側の話なら
　尊敬語「いらっしゃる」、自分側のことなら謙譲語「おる」にする

練習問題　下線部を指示に従って改めなさい

①お客様は、三名様でございますね。[尊敬語に]
②各スタッフ、勉強してございます。[謙譲語に]
③先日お越しの際に、時計を忘れてございます。[尊敬語に]

(解答) ①いらっしゃいます　②おります　③いらっしゃいます

056 | 謙譲語Ⅱの使い方①
「存じる」と「存じ上げる」の違い

△五輪関係のニュースなら、一通り存じ上げております。

↓

○五輪関係のニュースなら、一通り存じております。

　敬語は長らく3種類とされてきましたが、5種類に分けることが提案されています（2007年の文化審議会答申「敬語の指針」）。その中で、謙譲語をⅠ・Ⅱに分けて捉えることが提案されました。具体的には、

一般	謙譲語Ⅰ	謙譲語Ⅱ
知る	存じ上げる	存じる
行く	参上する、うかがう	参る
言う	申し上げる	申す

という形です。Ⅰ・Ⅱがどう違うかというと、Ⅰは単に自分側の動作というだけでなく、敬うべき相手に関わる作用を持つ動詞です。

「存じ上げる」であれば、知っている相手に対する敬意を表現できますし、「参上する」「うかがう」であれば、尋ねる相手を敬っていることが分かります。

それに対し、Ⅱの方は、動作の対象が何であるかを特に考慮しない表現です。

この謙譲語Ⅱは、言い方の格調を上げるのが主目的です。「知っています」よりは「存じております」、「行きます」よりは「参ります」の方が上品で、格調が高い感じがしませんか。言われた側の人にしても、丁重に話している印象を受けます。

ここがポイント

・謙譲語には、2種類ある
・働きかける対象に対する敬意を示すのが謙譲語Ⅰ、特にそうしたことはなく、より丁寧な印象を与えるために用いるのが謙譲語Ⅱ

練習問題　下線部を正しく改めなさい

①御社のご評判は、かねがね存じております。
②業界人として、基本的な情報は存じ上げております。
③来週は視察に参上しますので、不在です。

（解答）①存じ上げて　②存じて　③参ります

057 謙譲語Ⅱの使い方②
「申し伝えます」を使いこなす

△お客様のご意見は、必ず上の者に申し上げます。

○お客様のご意見は、必ず上の者に申し伝えます。

　謙譲語Ⅰの「申し上げる」は、申し上げる相手に対する敬意をこめた表現です。そのため、例文の「上の者に申し上げます」は、お客様の目の前で、社内の人間である「上の者」を立てる言い方になってしまうのです。外の人に対しては、社内の者は皆、身内扱いになるのでした。

　とは言え、謙譲語を完全に外し、「お客様のご意見は、上の者に言います」という言い方にすると、少々軽い感じがしてしまいます。

　そうしたときには、謙譲語Ⅱの出番です。「申し上げる」でなく「申す」を用いるのです。謙譲語Ⅱ「申す」

は、申す相手ではなく、目の前の話している相手に対する敬意を表すのに使います。

　伝えておくというニュアンスを出すために「申し伝える」という複合動詞にして用いれば、顧客への応対にふさわしい丁重さを出すことができるのです。

ここがポイント
・「申し上げる」は申し上げる相手に対する敬意が入るため、お客様の前で「上の者に申し上げる」と言うのは不適切である
・謙譲語Ⅱの「申し伝える」を用いれば、目の前のお客様に対する敬意表現になる

練習問題　下線部を正しく改めなさい
①私は山田と申し上げます。
②弊社では、こちらを今年の目玉商品と申し上げております。
③本件は、さっそく上長に申し上げておきます。

（解答）①申します
　　　　②申して
　　　　③申し伝えて

第3章　敬語を間違えて恥をかかないために

【コラム　四字熟語】

　四字熟語には、教訓が凝縮されています。行動指針や仕事のヒントになりそうなものを集めました。

熟慮断行
検討する段階ではじっくり慎重に、そして一旦やると決めたら断固実行すること。

率先垂範
人の先頭に立って行動し、模範を示すこと。まずは自分がやってみせるという、組織のリーダーに期待される姿勢である。

信賞必罰
手柄をあげた者には褒美や称賛を与え、悪いことをしたら罰すること。それにより、正しい道、すべきことを示す。

岡目（傍目）八目
関係ない第三者の方が、当事者よりも物事の本質がよく見えるということ。囲碁の対局で、本人たちよりも、見物人のほうがよく状況を見渡せることが語源。

捲土重来
一度失敗したり負けたりした者が、再び勢力を盛り返すこと。「捲土」で、砂ぼこりを巻き上げるような勢いを表しています。リベンジ。

君子豹変
「君子」は徳の高い立派な人。人格者は過ちに気付けばすぐに改められるということ。

第 4 章

知的な印象を与える熟語

058 | 真摯(しんし)

真面目でひたむきな様子。

※「しんげき」などと読み間違わないように。

　例えば、謝罪の場面で「これからは真面目にやりますので……」と言われたら、「真面目にやるのは当たり前だ!」と突っ込みたくなりませんか?
　真摯は真面目とほぼ同じ意味なのですが、言葉が硬質な分、きちんと物事に取り組む誠実な印象を与えることができます。

(例文)
・お客様からのご指摘を真摯に受け止め、改善に努めてまいります。
・取引先の山田さんは、いつも真摯な態度で、非常に信頼できる。

関連
　人柄を真面目だと評する際に使える語としては、「律儀」「真正直」「謹厳実直」などがあります。私欲がなく清らかな人柄は「清廉」、穏やかで誠実な人柄を「温厚篤実」と言います。

059 | 直言(ちょくげん)

自分の考えをはっきりと言うこと。

　遠慮せず、正直に思うところを述べることですが、主に、部下や後輩の立場からの諫言(かんげん)・忠告を言います。これから述べる指摘は、率直過ぎて失礼に当たるかもしれないが、あなたや組織のためを思ってはっきり言うのである、という誠意を表明する語です。
　面と向かって直接言うことも「直言」と言いますが、この場合も単に直接語らうというだけでなく、きっぱりと物申すイメージが伴います。

(例文)
・差し出がましいことを申し上げるようですが、組織の未来のために、あえて直言いたします。
・この件は、社長に直言するしかないと思う。

関連

「直言」の内容は、相手にとって耳の痛い指摘であることが多いでしょう。そうした指摘を客観的に評して言うと「手厳しい」「舌鋒(ぜっぽう)鋭い」「辛辣な」「容赦ない」「歯に衣着せない」ということになります。

060 ｜ 逸材(いつざい)

優れた才能。そうした才能を持つ人物。

　大変優れた美術品や料理を「逸品」と称するように、「逸」の字に、抜きんでて優れているという意味があるのです。「逸材」も格別に優れた才能・人材を指しています。
　ただし、面と向かって「山田さんは逸材ですね」と言うのは、不自然な使い方なので、避けましょう。子どもなど年下の相手を褒めるとき、客観的な文章で人を評価するときにのみ使います。

(例文)
・ドラフト１位で入団した彼は、10年に１人の逸材だと期待されている。
・うちの社長は、外から逸材をスカウトしてくるのが上手い。

関連

　今後活躍が期待される人材のことは、他に「期待の新星」「有望株」「ダイヤモンドの原石」「ゴールデンルーキー」「新進気鋭」「将来を嘱望される人材」「麒麟児(きりんじ)」などと呼びます。

061 | 寡聞(かぶん)

見識が狭いこと。

　寡という漢字は、口数が少ないという意味の「寡黙」や、少数企業で市場を独占する「寡占」にも使われる、「寡(すく)ない」という意味です。
　ですから、「寡聞」は見聞が少ないという意味で、自分の知識を謙遜して言う言葉です(他人の知識不足を指摘する際には使いません)。
　ただし、場合によっては、相手の知識不足・認識の誤りに対する強烈な皮肉として、「へぇ〜、そのようなことは寡聞にして存じませんでした」という言い方をすることもあります。明らかに自分の方が詳しいのに「寡聞」と言うことで、嫌味を言うわけです。

(例文)
・寡聞にして存じませんでした。どうかお教え願えますでしょうか。

関連
　同じような表現に「浅学菲才(せんがくひさい)の身」があります。若い人でも使いやすい表現としては、「不勉強で」「ほんのかじった程度で」などがあります。

第4章　知的な印象を与える熟語

062 | 矜持(きょうじ)

自分の能力を信じて抱く誇り。プライド。

※「きんじ」と読むのは誤り。「矜恃」とも書く。

「矜持」の代わりに「矜恃」という漢字表記をすることもあります。恃の字は動詞として「たのむ」という読みを持ち、古語で「頼りにする」という意味です。「矜恃」の場合、頼りにするのは自分の腕です。己の技術・能力にのみ拠って立つ、強くて頼もしい人物をイメージさせます。職業人としての誇りを表すのによく使われ、「プロフェッショナリズム」が近い語です。

(例文)
・ホテルマンとしての矜持を忘れず、一流の仕事をしてもらいたい。
・裏側まで手を抜かず、丁寧に仕上げている点に職人としての矜持を感じる。

関連
「自負」という語は、自身の能力や業績に誇りを持ち、周囲からの期待を引き受ける覚悟があることを示します。悪い意味でプライドが高いことは「驕(おご)り」「うぬぼれ」「思い上がり」と表現します。

063 │ 語弊

言葉の使い方が不適切で、誤解を招きかねないこと。

※「弊」の字の下に注意。「幣」ではない。

　弊の字は「弊害」にも使われる字で、悪いこと、困ったこと、という意味です。
「語弊」とは、ぴったりの表現が見つからず、言い方に不足やずれがあるため、誤解を招きかねない、という場面で用いる言葉です。
　説明や注意をする際に、言い方がちょっと極端だったり過激だったりして、感情的な反発を招きかねないときがあります。その際、「表面的な言葉にカッとならず、真意を受け取ってください」と訴えるために挟まれる言葉です。

(例文)
・こう言うと語弊があるかもしれませんが、御社の人材には最新知識が不足しているのです。
・ライバルと言うと語弊があるかもしれないが、A社の存在が当社の刺激になっているのは確かだ。

064 | 懸念（けねん）

気にかかって不安がること。

※「懸案」は「けんあん」。

　気懸かりに思うことで、「心配」と同じ意味ですが、硬い言葉なので、ビジネスなどのあらたまった場面でも使える言葉です。
「例の件はちょっと心配です」と言うと、くだけた雰囲気になりますが、「例の件に関しては、少々懸念しております」と言えば、きちんとした印象になり、事態の深刻さを感じさせることもできます。

（例文）
・この地域はほとんど被害はなかったのですが、観光面での風評被害が懸念されます。
・多少の懸念は残るが、彼に任せても良さそうである。

関連
　懸念は、「憂えております」「案じております」という言い方でも伝えられます。熟語表現では「危惧」「憂慮」など。また、民間の立場から国の政治を憂える人を「憂国の士」と言います。

065 | 沽券(こけん)

品位や体面。

　江戸時代、土地などの売買契約を交わした際に、売主から買主に渡した証文を「沽券」と言いました。その証文には、物件の値段も記されていたため、「沽券」の語に値打ち、価値という意味も生まれました。現代では、品位や体面、周囲からの信用などを沽券と呼んでいます。
　なお、沽券は、本人の持つプライドであり、他者も認める価値を指します。従って、もともと一定以上の評判や自信がある場合にしか、この語は使いません。

(例文)
・このまま押されっぱなしでは、当社の沽券にかかわります。
・こうした事業に手を出したら、御社の沽券が下がりますよ。

関連
「沽券が下がる」の類似表現には、「看板(暖簾(のれん))に傷がつく」「株を落とす」「信用を失墜させる」など。

066 慧眼(けいがん)

本質や裏面まで見抜き得る優れた眼力。

※仏教語としては「えげん」。炯眼とも書く。

　人の洞察力が優れているのを讃(たた)える言葉です。表面的な考察に留まらず、物事の本質や裏側まで鋭く見極められている状態を表します。問題の原因や背景を深く分析したり、業界や市場の先行きなどを読んだりすることができる人に対して使います。
　年上・目上の人に対し、「優れた思考力ですね」と言うのは変な感じに聞こえますが、「慧眼ですね」なら不自然な感じがしないので、便利な言い回しです。

（例文）
・いち早くあの分野に予算をかけたのは、社長の慧眼だった。
・若いのにやるね。君の慧眼には恐れ入ったよ。

関連

「眼光紙背に徹す」という表現があります。本を読み、著者の真意や背景まで理解できるさまです。

067 | 踏襲(とうしゅう)

それまでのやり方を受け継ぐこと。

※「ふしゅう」と読み間違えた政治家もいますが。

　「襲」の字には「かさねる」という読みもあり、「襲名」というように、後を引き継いで歴史を積み重ねていくと言う意味もあるのです。前のやり方をそのまま受け継ぐことを強調する言い方です。
　考え方や方針を受け継ぐ「踏襲」に対し、類義語の「継承」は地位や財産を受け継ぐというニュアンスが強く出ます。会社の事業を後継者に受け渡すことは「事業承継」と呼んでいます。

(例文)
・基本的には前任者のやり方を踏襲するが、改善できるところは変えていきたい。
・来月に新社長が就任するが、恐らく現社長の積極拡大路線を踏襲するだろう。

関連
　古いしきたりに従うばかりで、改めようとしない場合は、「因循」「守株(しゅしゅ)(株守)」「保守的過ぎる」といった表現を使います。

第4章　知的な印象を与える熟語

068 | 反故(ほご)

約束を無効化すること。

※昔は「ほぐ」「ほうぐ」「ほんぐ」「ほうご」「ほんご」と読むこともありましたが、現在は主に「ほご」と読みます。

「反故にする」という形でよく使います。
「反故」はもともと、書き損じるなどして無駄にしてしまった紙のことです。「反故にする」は、紙を無駄にしてしまうというのが、最初の意味でした。
　そこから意味が広がり、不要なものとして捨てる、人との契約を破棄するということも表すようになりました。ビジネスでは、もっぱら最後の意味で用います。

（例文）
・御社はそうやって平気で約束を反故にするのですか。
・口約束だと反故にされやすいから、きちんと紙の契約書を取っておかなくては。

関連
　裏切ることは、「(約束を) 違(たが)える」「覆す」「踏みにじる」「前言を撤回する」などの表現でも表すことができます。

069 | 杞憂(きゆう)

心配しないでいいことを、心配すること。

　中国古代のエピソードからできた故事成語です。『列子』に、杞という地域の人が「天が崩れ落ちてきたらどうしよう」と憂慮するあまり、夜も眠れず、食事も喉が通らなかったという話が掲載されています。杞の人の憂慮を縮めて「杞憂」というわけです。
　あり得ないことを不安がること、心配しなくても良いようなことまで心配することです。

(例文)
・杞憂だと良いのだけど。
・悪天候の場合など、様々なリスクを想定して準備をしていたが、結果として杞憂に終わった。

関連

　類義語に「取り越し苦労」「無用の心配」があります。また、品性の卑しい者が必要以上に気を回す様子を「下種(げす)の勘繰り」と非難します。

070 | 造詣(ぞうけい)

ある分野に対し、広く深い知識や理解を持っていること。

※「ぞうし」と読むのは誤り。

「○○(分野の名)に造詣が深い」という形で、ある分野に詳しいことを言う表現です。その人を立てながら、専門分野や趣味を紹介できる言葉なので、人を紹介する場面で重宝する言葉です。
　幅広い分野に詳しいことを言う場合には、「博学」「教養のある」「博覧強記」などを用います。

(例文)
・講師には、海外の文学や文化に造詣の深い山田先生をお招きしました。
・山田さんは、実は茶道にも造詣が深くていらっしゃるのです。

関連
　ある分野に詳しいことは「○○に明るい」「○○を熟知している」「○○に通暁(精通)している」とも表せます。

071 膠着状態(こうちゃく)

事態がどうにも動かない状態。

　膠(にかわ)は、動物の皮や骨を煮詰めて作った接着剤のこと。「膠着状態」は、まるで膠で貼り付けたかのように、固まって動かなくなってしまったことを言います。
　昔は物が貼り付いている様子にも使っていたのですが、今では主に、試合や交渉事、話し合いなどが、ある状態で固まり、停滞してしまったことを言います。行き詰まり、デッドロックのことです。

(例文)
・大筋では合意していたが、いざ細部の交渉に入ると膠着状態に陥った。
・議論が膠着状態になって久しい。誰かに打開して欲しいものだ。

関連

　議論が膠着状態になることを「煮詰まる」と言う場合がありますが、「煮詰まる」は、余計な水分がとんで料理が仕上がる様子からきた言葉で、本来は、議論が進み結論が見えてきた状態を意味する言葉です。

072 | 可塑性(かそ)

柔軟性があって、変わる可能性があるということ。

　元は、科学的な用語で、固体に力を加えて変形させたとき、その変形が戻らない性質のことを言っていました。ただし、日常的な会話や文章では、主に「変形」の部分に注目し、「変わる余地がある」という意味合いで使われています。

　人格や価値観が凝り固まってしまいがちな中高年と違い、子どもや若い人には変わり得る柔軟性がある、と評するような場合に使われます。

(例文)
・20代なら可塑性が高いから、転職しても、新しい組織に適応しやすい。
・あの人に何を言っても無駄だよ。可塑性がないからね。

関連

　柔軟性のない、頭が固い様子を「頑固」「頑固一徹」「強情」「意固地（依怙地）」「頑迷」「偏屈」と表現します。

073 | 及第点

合格点。最低限認められる出来。

　及第は落第の反対で、試験に合格すること。それが転じて、ある一定以上の品質であると認められることを言います。

　100点満点とは言えないものの、まあ認めることのできる出来。事前の想定や期待からすれば十分な出来。まずまず、そこそこというニュアンスです。

「まぁ一応、合格だね」というぐらいの評価なので、目上の人に使うには適していません。

(例文)
・初めてにしては上出来で、及第点と言えるだろう。
・及第点レベルで満足せず、もっともっと高みを目指してもらいたい。

関連

　事前の想定を大いに上回る場合、「期待以上」「予想を超えた」「望外の」「聞きしにまさる」などの語で讃えます。

074 | 卓越(たくえつ)

他よりはるかに優れていること。

　越えると読む「越」だけでなく「卓」も、他より優れているというニュアンスを持つ漢字です。学術論文では、先行研究の優れた見解を「蓋(けだ)し、卓見(たっけん)である」（＝私が思うに、これは優れた見解である）と評価します。
　優秀さを讃える語は他に「秀逸」「抜群」「出色」などがあります。動詞で「圧倒する」「凌駕(りょうが)する」「突出する」とも言えますし、「右に出る者はいない」「並ぶ者はいない」「他の追随を許さない」という表現も使います。
（例文）
・貴社の卓越した技術を見込んで、折り入ってのお願いがございます。
・今度の新人は若いのに、卓越した専門知識を持っている。

関連

　くだけた言葉で言うと、「ずば抜けている」「断トツ」「ぶっちぎり」「ピカイチ」などがあります。

075 | 醸成（じょうせい）

雰囲気や気分を少しずつ作り出すこと。

　実はもともと「醸造」と同じ意味で、発酵作用により酒・醤油（しょうゆ）・味噌（みそ）などを作ることを言いました。それが転じて、場の空気を作り出すという意味になったのです。
　醸造がそうであるように、時間や手間をかけて、じっくりと成熟させていくニュアンスがあります。徐々に、次第に作り上げていくわけです。
「不穏な空気が醸成されつつある」のように、否定的な文脈で使うことも差し支えありません。

(例文)
・入念な根回しにより、改革に賛成する空気が醸成された。
・新しい部長には、コミュニケーションを通じて信頼を醸成する姿勢がある。

関連

　醸の訓読み「かもす」も、作り出す、空気を作る、という意味で使われます。「物議をかもす」（世間の議論を引き起こす）がよく使われます。

第4章　知的な印象を与える熟語

【コラム　上級者編の熟語】

自分ではまだ使えないような言葉でも、まずは知っておきましょう。おおよそ漢字検定準一級のレベルです。

誤謬（ごびゅう）　考えや知識の誤り。
（例文）世間の認識には根本的な誤謬がある。

紐帯（ちゅうたい）　結びつき。血縁などの絆、ネットワーク。
（例文）スマホは、家族の紐帯を壊しかねない。

筆鋒（ひっぽう）　文章の攻撃的な勢い。口頭なら「舌鋒」。
（例文）各新聞は筆鋒鋭く、内閣を批判した。

耽溺（たんでき）　望ましくないことに熱中し、他を顧みない。
（例文）目標を見失った彼は、酒色に耽溺した。

知悉（ちしつ）　細部まで知り尽くしていること。
（例文）ベテランの彼は、社内事情を知悉していた。

弥縫策（びほうさく）　一時的に取り繕うための策。
（例文）弥縫策でも何もやらないよりましだ。

糊塗（こと）　一時しのぎにごまかすこと。
（例文）懇親会を開こうが、不仲を糊塗する程度だ。

畢生（ひっせい）　生涯。生から死までの全ての期間。
（例文）今度の舞台は、彼の畢生の大事業だった。

蒙昧（もうまい）　知識がなく、世の道理を知らないこと。
（例文）あの社長は従業員を無知蒙昧扱いしている。

凋落（ちょうらく）　衰え、落ちぶれること。
（例文）そこからの人気の凋落はひどかった。

第 5 章

電話とメールの
定型フレーズ

076 電話を受ける際の定型フレーズ①
お待たせいたしました

△（出るまでに3コール以上か
　かったのに何も言わない）

○お待たせいたしました、山本
テクノロジーでございます。

　顔を合わせていれば、表情や仕草などでニュアンスを補うこともできますが、電話で頼りになるのは、言葉と声のトーンぐらいです。言葉遣いはより丁寧であることを心がけましょう。
　定型のフレーズは、口に慣らしておきたいものです。

（例文）
・お電話ありがとうございます。
・いつもお世話になっております。
・本日はどのようなご用件でしょうか。
・失礼ですが、お名前をうかがってもよろしいでしょう

か。
・少々お待ちくださいませ。
・お電話が少々遠いようですが。

　長い間待たせてしまったときには、相手は呼び出し音を聞きながら、焦れてイライラしていたかもしれません。何もなしに話し始めては、ムッとさせてしまうかもしれませんので、丁寧に「（大変）お待たせいたしました」から始めましょう。

　その際、「お待たせいたしました〜」などと不必要に伸ばしたりせず、文尾まで落ち着いて発声します。

ここがポイント
・電話は顔の見えない分、より丁寧に
・3コール以上待たせたときは、最初に一言「お待たせいたしました」

関連
　自宅や携帯電話の場合、セールスなどの電話を警戒して、自分からは積極的に名乗らない場合もあるでしょう。その際も、無言で出るのではなく、「はい、お電話ありがとうございます」「こんにちは、ご用件は何でしょうか」など、何かしらの挨拶フレーズで応えるようにしましょう。

077 電話を受ける際の定型フレーズ②
席を外しております

△ いま山田はいないんですよ。

↓

○ あいにく、山田はただいま席を外しております。

　ある会社に電話をかけたとき、「山田さんいらっしゃいますか」と尋ねたところ、
「え〜っと……（部署内を見渡しているような間）、何かいないみたいですねぇ」
と応対されたことがあります。状況はありありとイメージできるのですが、スマートな応対とは言えませんね。
　もし、すぐに確認が取れないようなら、
「少々お待ちください。確認いたします」
と一度、保留にする方が良いでしょう。
　いないことを伝えるときも、
「席を外しております」
「ただいま不在にしております」

といったフレーズを使用したいところです。「会議で席を外しております」のように、理由とともに伝える場合もありますが、本人が具体的な理由を明言して欲しくない場合もありますので、大まかに伝える程度か、伏せた方が安心です。

　休み（本日折り返せそうにない）、外出（折り返せるにしても遅くなる）、一時的な離席（トイレやちょっとした打ち合わせなど、比較的早くに戻ってくる）の違いは伝わるように説明すると親切です。

ここがポイント
・いないことは、席を外していると表す
・いない理由は不用意には伝えない

関連
　自分や自部署の管轄外の電話がかかってきたら、「そちらの件は、担当の清水が承っております」と丁重に説明し、取り次ぎましょう。

　すぐに担当者に転送できない場合には、「改めてこちらからご連絡を差し上げてもよろしいでしょうか」と提案しましょう。

　担当者の番号にかけ直してもらう場合には、「お手数ですが」「ご面倒をおかけしますが」などのクッション言葉を忘れずに。

078 電話を受ける際のフレーズ③
代わりにご用件を承ります

△ 良ければ、私が。

↓

○ 差し支えなければ、代わりにご用件を承ります。

　担当者が不在の場合、戻りの時間を伝えて改めて電話をしてもらうか、いったん伝言を預かるか、という選択になります。

　伝言の場合に重要なのは、相手に信頼してもらえる伝言の預かり手になること。「この人に任せて大丈夫かなー？」という不安を感じさせてはいけません。言葉遣いで信頼を勝ち取りましょう。

　そこできちんと使いたいのが「承る」という動詞です。「聞く」「受ける」の謙譲語です。責任を持って預かる気持ちを「私が承ります」という言葉で伝えましょう（電話の相手と面識がない場合には、「私、井上が承ります」と名乗ると安心感がアップします）。

なお、専門的な話やまだ内密に進めている話など、伝言を預かることが難しい場合もありますので、
「差し支えなければ」
「もしよろしければ」
「私で承れそうなら」
などのクッション言葉を添えて、押し付けがましくないようにしましょう。
　伝言しなくても構わないと言われたときは、
「お電話があった旨は、松田に申し伝えます」
「松田が戻り次第、こちらからお電話を差し上げましょうか」
などと提案するようにします。

ここがポイント
・「聞く」「受ける」の謙譲語→承る
・押し付けがましくないよう、クッション言葉を添える

関連
　伝言を頼まれた場合は、電話を切る前に、
「では、松田へのご伝言、確かに私、井上が承りました」
と、責任を持って挨拶しましょう。

079 電話を受ける際の定型フレーズ④
念のため復唱いたします

△（1回聞いただけで終わり）

○念のため復唱いたします。ゼロ、キュウ、ゼロ……

　日付や電話番号、住所などの情報を聞いたり、伝言を預かったりする際には、メモが欠かせません（利き手とは反対の手で電話を取る習慣を作っておくと、メモが取りやすいですね）。

　正確に情報を伝達するには、メモに加え、復唱も重要です。

　例えば時刻に関しては、「午後7時」なら「19時」「夜の7時」（あえて「ななじ」と発音すると、「しちじ」よりも聞き取りやすい）などと復唱する工夫を通じ、誤解を防ぐようにします。

　復唱する分、電話が長くなってしまいますが、復唱分の時間を取ることよりも、間違って伝えてしまうことの

方が迷惑です。
「念のため」
「誤りのないよう」
と一言ことわりを入れた上で、お付き合いいただきましょう。この言葉を挟むことで、「こちらの説明の仕方が悪かったと言うのか？」などと苛立たせてしまうことを防ぎます。きちんと伝えていただきましたが、こちらの聞き取りにミスがあるといけないので、念のため、というニュアンスです。復唱を終えたら、
「以上で間違いはないでしょうか」
「という認識でよろしいでしょうか」
など、相手の承認をきちんと得るようにします。

ここがポイント
・聞き返すよりも、不正確に伝えるほうが失礼。丁重に確認しよう
・「念のため」「誤りのないよう」などクッション言葉を挟む

関連
「白田」と「広田」など、誤解しそうな人名・地名は、「サシスセソのシで白田」「白いの白ですね」などと音を確認します。
　アルファベットに関しても、「b」と区別が付きやすいよう「d（デー）」と読むような工夫を取り入れると親切です。インターネットの検索などを併用し、正確な情報理解・伝達を心がけましょう。

080 電話をかける際の定型フレーズ①
夜分に恐れ入ります

△（夜の9時頃に電話をかけたのに、何も言わない）

↓

○夜分に恐れ入ります

　メールやLINEなどで連絡することが増えた今、電話に抵抗を感じる人も増えています。「急にかかってくるので、自分のペースを乱される」というわけです。その感覚は、プライベートな時間を過ごしている夜遅い時間であればなおさら、でしょう。

　夜の9時といった遅い時間に電話をかける際には、用件に入る前に一言恐縮している気持ちを伝えておきましょう。

　また、顧客のご自宅にお電話する場合、夕食の準備の時間帯は迷惑になる確率が高いですね。ビジネス現場の場合、朝一の時間は忙しいでしょうし、お昼休憩で人の

少ないであろう時間にかけると邪魔になることがあります。そうした時間に、どうしてもかけなくてはいけない場合、「お忙しい時間に恐れ入ります」といった気遣いを見せると、印象がよいでしょう。

なお、名乗った後、
「ただ今、お時間よろしいですか」
「少々お話しできるでしょうか」
「2〜3分ほどお時間いただけないでしょうか」
という確認もしておくと安心です。

ここがポイント
・夜遅く、食事時など、忙しい時間に電話をしたときには、一言お詫びしてから

関連
　緊急の用件で、退勤後や休日に携帯電話に連絡するような場合は、「ご退勤後（お休みのところ）に申し訳ありません」など、一言詫びてから用件に入るのが良いでしょう。

　電話を切る直前に、「お時間ありがとうございました」とお礼を伝えるのもお忘れなく。

　メールやLINEの連絡でも、こうした相手の状況への想像力は同じように必要です。夜遅い連絡、休日の仕事の連絡などの際には一言気遣いを見せるようにすると良いでしょう。また、期日が迫っており、返信を早めに要求する場合にも「ご多用の折、急かすようで恐縮ですが」などと配慮することが必要です。

081 電話をかける際の定型フレーズ②
お手すき

△中村さん、今大丈夫そうですか？

↓

○中村さんは、ただ今お手すきですか？

　お目当ての相手以外が電話に出ると、一般的に「中村さんはいらっしゃいますか？」と尋ねますね。
　そもそも相手がその場にいるだろうことが把握できているとき、あるいは、「おります」との返答をもらったとき、その人がいま電話を代われる状態にあるかを確認するフレーズを用います。それが、「お手すきですか」です。
　お手すきは、手が空いていること、対応する時間や余裕があることを意味する接遇用語です。
「電話、大丈夫ですか？」
と言うのはカジュアルになり過ぎますし、

「いま暇ですか?」
と直接的に尋ねるのは、相手を暇人扱いするような印象があり、失礼になりかねませんので、「お手すき」という婉曲的な表現が自然に出てくるようにしましょう。

　先方に折り返しの電話をお願いする際にも、急かすニュアンスが出ないよう「お手すきの際にご連絡をいただけますか」とお願いします。

　電話以外でも、「急ぎませんので、お手すきの際にご返送ください」などと使います。

ここがポイント

・自分に関わってもらえる時間はあるか、を確認するのが「お手すきですか?」
・「いま暇ですか?」は相手を暇人扱いする印象を与えかねないので、注意

関連

「お手すきのときに」と同様に使えるフレーズに、
・ご都合のよい折に
・お時間がありましたら
・お時間が許すときに
があります。

082 電話をかける際の定型フレーズ③
いつ頃お戻りになりますか？

△ いつ帰ってきます？

○ いつ頃お戻りになりますか？

　目当ての人物が不在だった場合、改めて連絡するか、かけ直しをお願いするか、伝言をお願いするか（→083）になります。
　そのときに使うのが、「いつ頃お戻りになりますか？」です。すぐ戻るような外出なら改めての連絡。出張なら伝言など、戻る時間・日によって対応が変わってくるからです。
　自分が改めて連絡できそうな時間帯について、
「明日の午前中ならいらっしゃいますか？」
と、具体的に都合を尋ねるのも良いでしょう。
　連絡し直す場合には、
「その頃に、こちらから改めてご連絡させていただきます」

「こちらから改めてお電話しようかと存じますが、私田中から電話があった旨は、山田様にお伝え願えますか」のように伝えておくとスムーズです。

関連

戻り次第、連絡をして欲しい場合は、「お手数ですが、折り返しのご連絡をいただけるようお伝えください」「恐れ入りますが、お戻りになりましたら、こちらにご連絡くださいますようお伝えいただけますか」と言います。

単に「戻り次第」と言うのは尊敬語が欠けているので、「お戻り（になり）次第」「お戻りになりましたら」と「お（〜になる）」を付けましょう。

なお、自分たちの側が戻ったら連絡する場合は、単に「戻り次第」と言います。

こうした場合によく「折り返し」という言葉が使われます。改めて語義を確認しておきましょう。

「折り返し」は、手紙・電話・問いかけなどに対して、間を置かず、迅速に対応する様子をいいます。この語義から、使い方の注意が出てきます。自分の動作、身内の動作として、「携帯に着信を残していただければ、こちらから折り返します」「戻り次第、折り返しお電話するよう田中に伝えます」などと言うのは自然です。

しかし、相手の側に「折り返し、こちらにお電話ください」と伝えるのは、「迅速に電話しろよ」と急かしているようで、少々厚かましい言い方になりかねないことは覚えておきましょう。

083 電話をかける際の定型フレーズ④
お言付けをお願いできますか

△じゃあ、伝言でお願いします。

↓

○では、お言付けをお願いできますか。

　相手が不在で、伝言をお願いする際の言い方です。「ご伝言をお願いいたします」でも、もちろん問題ありませんが、「ご伝言」の部分を大和言葉にし、「お言付け」「お言伝」とすると、上品な接遇用語になります。「お手数(お手間)をおかけしますが」などのクッション言葉を添えると丁寧です。

関連

　留守番電話に一言残すときには、単に「鈴木です。またかけます」と言うのでなく、「株式会社筑摩の鈴木です。＊＊の件でご連絡いたしました。また明日こちらからご連絡します」と、相手方が折り返す際、心準備ができるように残すと良いでしょう(機密情報や直接話すべきデリケートな内容までは吹き込まず、話題と大まかな方向性だけを伝えるようにします)。

【コラム　最新ビジネスの用語①】

やりがい搾取
　やりがいを謳うことで、経営者が労働者を不当に安い給料で働かせたり、長時間酷使したりすること。東京大学教授の本田由紀氏が命名した。ブラック企業の手法として問題視されているが、医療や介護、教育などの現場でもこの課題が見られることが多い。

複業
　本業に対し、余った時間に片手間で取り組む仕事を「副業」と呼ぶが、そもそも複数の仕事を生業として掛け持ちしていくことは「複業」という。複業を実践する人を「パラレルワーカー」と称する。企業の副業禁止が緩和される中、注目される概念である。

アンガーマネジメント
　怒りの感情をうまく制御すること。自身の怒りの傾向を知り、その捉え方や対処法を変えることで、怒鳴るなどの問題行動を予防する。職場の対人関係を良好にし、パワーハラスメントを防止するために、研修として学ぶ企業も多い。

リカレント教育
　働き始めた後にも、必要になれば大学などの教育機関に戻って学ぶことができるような教育システムのこと。大学卒業後に就職し、現場で経験を積んだ後、大学院に通って理論面を学んで復職し、マネージャーになるなどのキャリア形成が可能になる。学びのための長期休職を認める制度を導入する企業や、2018年に拡充された教育訓練給付金が注目されている。

083 | メールの定型フレーズ①
各位

△山田部長　田中部長　坂本課長　吉田係長　佐藤様　大野様　高野様

○各位

　部署やプロジェクトの全員に連絡を取る場合など、大勢の人が宛先となる場合、いちいち山田様、田中様……と書き出していると、手間がかかる上、見ばえもよくありません。一人ひとりを書くとなると、誰を先に書くかといった点にも気を遣わねばならず（厳格に、目上を先に書くべきだと考える人がいます）、人数が多くなるほど厄介ですね。

　そういうときには、大勢の人を対象にして、そのめいめいを敬っていう語である「各位」の出番です。

　単に「各位」でも良いですし、

・関係者各位
・プロジェクトメンバー各位
・お客様各位
のように内容を示す書き方もします。
「各位」の語自体に、それぞれを敬う意味が入っていますので、「各位様」とするのは敬称の重複で、誤りです。「各位」という表現では堅すぎるシチュエーションでは「皆様」とします。

ここがポイント
・関係するメンバーが多いときは、列挙せず「各位」で済ませる
・どのようなメンバー宛かを「各位」の前に付けることがある
・「各位様」とはしない

関連
営業や問い合わせなどで、相手の名前が具体的に分からないときには、
・大山株式会社　経理ご担当者様
のように表記します。部署宛にする場合は、
・大山株式会社　経理部御中
と「御中」を付けます。なお、
・大山株式会社　経理部御中　ご担当者様
は敬称の重複です。御中は省きます。

085 | メールの定型フレーズ①
初めてご連絡を差し上げます

△初めまして、こんにちは。

○初めてご連絡を差し上げます。

　気を遣う初めての連絡、「初めまして」は少しカジュアルな感じもします。「初めてご連絡を差し上げます」「突然ご連絡を差し上げますことをご容赦ください」など、丁重な表現をしたいところです。

　問い合わせの窓口がオープンになっておらず、知り合いからの紹介で連絡をした場合には、不審がられないよう、「突然ご連絡を差し上げますことをお許しください。私は筑摩商事の坂本と申しまして、三共社の佐藤様からご連絡先をうかがって、メールを差し上げた次第です」といった説明を添えるようにしましょう。

　なお、自分個人としては初めての連絡でも、すでに会

社としての付き合いがある場合には、「いつもお世話になっております」と書き始めて構いません。
　また、自分が初めての相手からメールを受け取って、返信をする際には、「初めまして」も使えますが、
「この度はご連絡をありがとうございます」
「光栄なご連絡を賜り、恐れ入ります」
「お世話になります」（一般には「お世話になっております」と言いますが、これからお世話になる、というニュアンスです）
と記すのもよいでしょう。

ここがポイント
・「初めまして」以外の挨拶も用いる
・不審な相手から連絡がきたと思われないよう、丁重な言葉遣いで挨拶するとともに、自分が何者か、連絡の趣旨は何かを開示する

関連
　対面で初めて会う場合には、「初めまして」の代わりに、「初めてお会いします」「お初にお目にかかります」も使うことができます。また、「このたびはお目にかかれて光栄です」など一言添えるようにすると、場が温まります。

086 メールの定型フレーズ③
ご教示ください

△打ち合わせは、どこでやるのでしたか？ 忘れてしまいました。

↓

○打ち合わせの場所を失念してしまいまして、ご教示いただければ幸いです。

　知識や方法などを教え、示すことを「教示」といいます。「教えてください」と書くより、「ご教示ください」としたほうが、あらたまった印象です。
　上記以外にも、
「ご教示ください」
「ご教示賜りたく存じます」
「ご教示のほど、よろしくお願いいたします」
といった形で用います。

音が近いので勘違いしたのでしょうか、何でも「ご教授ください」と書く人がいます。それは専門的な内容を系統だって継続的に教える際に用いる語です。まさに大学"教授"が講義を通して教えていくようなイメージです。ちょっとした情報を尋ねる場合には向いていません。「ご教示ください」であれば、簡単な助言や教えを乞う場合にも、「お知らせください」という程度の軽い場面でも用いることができます。

ここがポイント
・教示は、教え示す。「教えて」というよりもあらたまった印象で、尋ねる際に幅広く使える
・「教示」と「教授」を混同しない

関連
　仕事の手順を具体的に教えてもらう際には、
・ご指導（指南）ください
・ご指導を賜りたく存じます
が使えます。もう少し漠然と、仕事の姿勢や精神面など全般的な教えを乞いたい場合は、
・お導きいただけますか
・ご指導ご鞭撻（べんたつ）のほど、よろしくお願いいたします
などの言い方があります。

087 メールの定型フレーズ④
ご査収ください

△添付ファイルを見てください。

○添付ファイルをご査収ください。

　メールの閲覧環境によっては、添付ファイルの存在を見落とす場合があります。確実に見てもらうためには、添付ファイルの点数と合わせて、見て欲しい旨を書いておきましょう。

　「検査」「精査」の「査」に、「収める」をつなげたのが「査収」。よく確認して、受け取ることを言います。「ご確認ください」「ご参照ください」「お目通しください」よりも一段堅い言い方で、契約書や請求書などの重要書類を送付する場面で用いるのに、ふさわしい言葉です。

　似たフレーズに「ご笑覧ください」がありますが、こちらは、大したものではありませんので、笑いながら流

し見してくだされば十分です、とのメッセージです。本題とは異なるもの、「見てもらえれば嬉しいが、無理にとは言わない」「もし興味があれば」という程度で送るものに関して用いるとよいでしょう。
（例文）
　別件ですが、先日の打ち合わせの際に話題に出た新商品がリリースされました。資料を添付しますので、お時間ありましたらご笑覧くださいませ。

ここがポイント
・きちんと確認して欲しい資料・書類を添付した際に「ご査収ください」を用いる。
・「ご笑覧ください」は見ても見なくてもよいようなオマケのファイルに言う。

関連
「よく調べて受け取る」という意味の語に「検収」があります。これは、納入されたものが約束の数・品質であるかをよく確認して受け取ることを言います。物が納品されたときに用いますが、ITシステムの仕様が発注通りであるかを確認することも「検収」と言います。
（例文）　ご検収のほど、よろしくお願いいたします。

088 | メールの定型フレーズ⑤
取り急ぎ

△(後でまとめて連絡すればいいと考え、何も送らない)

↓

○取り急ぎ、受領のご連絡まで。

「取り急ぎ」は「大変急いで」という意味で、「とりあえず」よりもきちんとした印象があるので、便利な言葉です。

相手からのメールにはできるだけ早く返信したほうがよいでしょうが、上長に判断を仰いだり、資料を精査したりする場合には、正式な返事をするのに時間がかかります。

そういう場合にはいったん、メールを受け取って概要は確認した、という旨だけでも知らせることで、相手を安心させることができます(後で本体の連絡をするのを忘れないように!)。

そのときに用いるのが「取り急ぎ、受領のご連絡ま

で」といった表現です。打ち合わせの直後に、「議事録は改めてお送りしますが、取り急ぎお礼まで」と出すこともあります。

　この「取り急ぎ〜まで」という書き方は便利ですが、「〜まで」と文の途中で書き終えるような形です。簡略化した文です。特に気を遣う相手への連絡には、省略のない、整った文を書くようにしましょう。
「取り急ぎ、日程の候補のみお送りいたします」
「まずは受領のご報告にて失礼いたします」
のような形です。

ここがポイント

- 返信に時間がかかりそうな場合には、「見た」「受け取った」など、簡単に一言伝えておくと親切
- 「とりあえず」を封印し、「取り急ぎ〜まで」「まずはご報告のみにして失礼いたします」などを使う

関連

　同様の意味の語に、「いったん」「ひとまず」があります。

　社内向けの資料などで、粗削りのまま相手に見てもらう場合には、「急ごしらえで不十分な点もあるかと存じますが、ひとまず現状をお送りいたします」とことわると良いでしょう。

【コラム　最新ビジネスの用語②】

GAFA（ガーファ）
「Google」「Amazon」「Facebook」「Apple」の頭文字。ITを最大限に活かした先進的なサービスを展開する注目すべき企業をリスト化した。

カスタマー・ジャーニー
　顧客の行動を「購入」のような1つの"点"で捉えるのでなく、悩みや興味を抱いて商品を探したり選んだりするプロセス全体の流れを"線"で捉える見方のこと。顧客視点でのマーケティング施策を行うためには、この過程を整理したカスタマー・ジャーニー・マップを作ることが望ましい。

サブスクリプション
　もとは雑誌の予約購読・年間購読などを指す言葉だったが、今では、ソフトウェアやサービスを月・年単位などの一定期間、定額を払って利用する形態全般をいう。一曲一曲買わずとも、月額料金を払えば聴き放題の音楽配信サービスなどが有名である。最近では、自動車や飲食など幅広い業界でサブスクリプション方式が採用されつつある。

ウォークスルー決済
　レジで商品の会計をすることなく、買い物ができる仕組みのこと。アプリを入れていれば、手に取ってゲートを出るだけというアメリカでの「Amazon Go」の取り組みが有名であるが、日本国内でも大手コンビニチェーン各社で企画・実証実験が進んでいる。人材不足に悩む小売業界の救世主として期待される。

第 6 章
昔は誤用だったが、今は定着した表現

089 | 穿(うが)った見方

[本来の意味]
物事の本質を捉えようとする鋭い見方。

[現在の意味]
疑ってかかる、斜に構えた見方。

「穿つ」は「雨だれ(点滴)石を穿つ」ということわざにも出てきます。ポタリと落ちる雨だれも、同じ場所に落ち続ければ石に鋭い穴を開ける、という意味で、コツコツ努力を続けることの重要性を説くものです。

このように、「穿つ」は細い穴を開けるという動詞で、真実を鋭く突くという意味でも使われるようになりました。

なお、本質や機微を捉えようとするあまり、逆に真実からかけ離れてしまうと、「うがち過ぎ」と言われます。その影響か、現在では「穿った見方」というと、斜に構えた、素直でない捉え方というイメージになっています。

文化庁「国語に関する世論調査」(2011年版)によると、「疑って掛かるような見方をする」意味で使う人が48.2%と、本来の使い方の26.4%を大きく上回っています。

090 御の字

[本来の意味]
非常に結構なこと。大いに満足すること。

[現在の意味]
及第点である。まあ許容できる状態である。

　遊里から生まれた言葉で、「御」の字を付けたいほどのもの、というのが語源です。ありがたやありがたや、と大いに歓迎する気持ちだったのですが、「70点も取れれば御の字だよ」などと使われるうちに、まあ許容できる範囲という印象に変わってきました。

　文化庁「国語に関する世論調査」(2008年版)でも、「大いに有り難い」の意味で使う人が38.5%、「一応、納得できる」で使う人が51.4%と、逆転した結果が出ています。

関連

「吝かでない」という表現も、昔は「～するのに尽力を惜しまない」「喜んで～する」という積極的なニュアンスで使われていましたが、今では「嫌ではない」という程度の消極的なニュアンスで受け取る人が増えています。

091 | 姑息(こそく)

[本来の意味]
一時しのぎ、その場の間に合わせに何かをするさま。

[現在の意味]
卑怯(ひきょう)でずるいさま。ケチな様子。

　姑(しばら)く息をつく、で「姑息」。目の前の事態を切り抜ける間に合わせの策のことでした。例えば、森鷗外の小説『半日』では、「病気で痛む処(ところ)があれば、その病気を直さねばならない。モルヒネで痛みを止めて置こうというような、姑息な事には賛成が出来ない」と使われています。

　根本的な対策を取らずに、一時しのぎの策で乗り切ることから、「表面的に過ぎない」「ごまかし」という悪い印象が生じます。そのネガティブな印象が強まった結果、「卑怯でずるい」「悪知恵を働かせる」という意味の語と認識されるようになりました。

関連

　一時しのぎの策であるという場合、現在では「仮」「暫定的」「当座」「弥縫策(びほう)」「応急処置的」「急場しのぎ」などの語を用いて表します。

092 こだわり

[本来の意味]
細かいことを必要以上に気にすること。

[現在の意味]
特別な思い入れ。細部まで注意や工夫をすること。自分の信念を譲らないこと。

　漢字で書くと「拘り」。「拘泥(こうでい)する」という動詞もあるように、ぐずぐずとつかえて進めないこと、気にしなくても良いことに気持ちを囚(とら)われてしまうことを言うのが本来です。ですから、作家や出版社によっては、ポジティブな文脈では決して使わないという場合もあります。
　ただ、今日では「こだわりの逸品」「彼は靴にこだわりがある」のように、信念にもとづいて細部まで注意し抜いた様子を言うのに使われる例が多いです。

関連

　ネガティブな意味で非難に用いるときには、「拘泥する」の他、「固執(こしゅう)する」「執着する」「かかずらう」などの動詞にするとよいでしょう。

093 | 潮時（しおどき）

［本来の意味］
物事を始めたり終えたりするのに、ちょうどいいとき。

［現在の意味］
物事のやめどき。限界が見えて引き際を意識するとき。

　文字通り、潮の満ち引きに関係する語です。潮が航海にふさわしい状態になるときを「潮時」と言いました。そこから物事をなす好機、望ましいタイミングのことを指すように。つまり、何かを始めるのにも終えるのにも使える言葉だったのです。

　スポーツ選手が現役を引退する際、「潮時だと思いました」というコメントをすることがあります。事業撤退や団体解散を発表する際にも、あきらめどき、引き際という意味で「潮時」を用いて挨拶をすることが多いです。こうした中で、やめどき、引きどきに限定するイメージが強まってきました。

　恋愛を語る際にも、「5年付き合っても進展しないし、もう潮時かな？」と、潮時＝別れどき、という意味で使われる例をよく見ます。

094 微妙

[本来の意味]
美しさや趣が優れていること。状態が言い表せないほど複雑なさま。

[現在の意味]
少し。はっきり言いにくいが、いまいちな出来である様子。

「妙」は「絶妙」「妙技」と使われるように、優れたさまを表す字です。「微妙」も当初はその意味で、国木田独歩『武蔵野』(1898年発表) でも、「此の微妙な叙景の筆の力が」と使われています。

そこから意味が広がり、簡単には言い表せない、細かく複雑な様子を言うようになりました。「ここで主人公の気持ちは微妙に変化した」といった例です。

さらに現代の口語では、「少し」という意味で用いて、ほんの微かな差であることを強調したり（例：趣旨とは微妙にずれている）、「いまいち」などの否定的な言葉を避けるために使ったり（例：最新作は正直、ビミョーだった）する例が見られます。どちらも人に気を遣う心理がうかがわれる表現です。

095 | 失笑

[本来の意味]
笑ってはいけない場面で、こらえきれず、ついふき出して笑うこと。

[現在の意味]
苦笑いをすること。笑いが出ないほど呆れること。

　厳粛な雰囲気の中、不意に変なことが起きて、つい笑ってしまう。笑ってはいけないのに、つい吹き出してしまう。これが「失笑」です。「失策」「失言」などと同様に、ミスを言うものでした。しかし、文化庁「国語に関する世論調査」(2011年版)においても、「こらえ切れず吹き出して笑う」が27.7％、「笑いも出ないくらい呆れる」の意味で使う人が60.4％と逆転した結果が出ています。「失笑」の字から、笑いを失う、とか、笑いを取るのに失敗する、とかいう誤解が生まれたものと思われます。

関連

「爆笑」は大勢がどっと笑うこと、という意味でしたが、「爆」を単に程度の強調と見て、ひとりで激しく笑う例にも使われるようになっています。

096 まったり

[本来の意味]
味わいがおだやかで、こくのあるさま。

[現在の意味]
ゆったりして、のんびりとした様子。だらだらと過ごす様子。

　もともと近畿地方の方言で、深みを感じるさまを言い、特に味覚に関して使われるものでした。近年、明確な目的を定めず、のんびり過ごすという意味で使われています。「だらだら」や「ぼんやり」とは違って、ゆっくりとしたペースや穏やかさを肯定する印象があります。旅行のパンフレットなどでも、「温泉旅館でまったりと過ごす休日」などの文言が見られます。

関連

「まったり」に音の似た「こっくり」という語があります。味が濃かったり深みを感じさせたりする様子、あるいは、色合いが濃く落ち着いている様子です。よく女性の秋服の色に関して、「こっくり赤トップス」「この秋冬は断然こっくり色」などと用いられています。

097 | ほぼほぼ

［本来の形］
ほぼ

［現在広まっている形］
ほぼほぼ

　日本語、特に口語においては、同じ語を繰り返すことで意味を強調することがあります。「さあ始めよう」を「さあさあ始めよう」というように、感動詞を繰り返すこともあれば、「ごく当たり前」を「ごくごく当たり前」と強めるように、副詞を繰り返すこともあります。「ほぼ」を繰り返し、「ほぼほぼ」と言うのも、これらと同じパターンです。「ほぼほぼ」と言うと、単に「ほぼ」と言うよりも、話者が主観的に強調しているという印象が生まれます。例えば、「あとちょっとでできる」という気持ちをこめて、「ほぼほぼ完成しているんだよ！」と言うわけですね。

　2000年前後から使われ始め、2010年代に入って定着した感があります。「三省堂辞書を編む人が選ぶ　今年の新語2016」の大賞にも選出されました。ただし、ある世代以上の人は違和感を持つ人が多いようです。使う場面には気を付けましょう。

098 とんでもありません

[本来の形]
とんでもないことです。とんでもないことでございます。

[現在広まっている形]
とんでもありません。とんでもございません。

「い」で言い切る活用語を形容詞と言います。「とんでもない」もその一つです。「せつない」などと同じ分類です。

　打ち消しにする場合、「せつない」なら「せつなくない」といいます。「せつありません」「せつございません」とは言いませんね。ですから、「とんでもない」も「とんでもありません」「とんでもございません」という形で、打ち消しにするのは文法上、違和感のある表現だと言われてきました。

　ただし、「とんでもない」の語源は、「途でもない」と見られており、「とんでもない」でひとまとまりという感覚は、「せつない」などと比べて薄いのでしょう。接客の用語としても、「とんでもございません」でマニュアル化されているケースが見られます。

099 | 真逆(まぎゃく)

[本来の形]
逆

[現在広まっている形]
真逆

　2002〜2003年頃から広まった言い方です。「真正直」「真新しい」と同様に、「真」の字で逆であることを強調します。「正反対」と同じような語感でしょう。

　文化庁「国語に関する世論調査」(2011年版)を見ると、「真逆」を使うかどうかの世代差が目立ちます。全体では「真逆」を使う人22.1%、使わない人77.4%という結果ですが、男性30代以下、女性20代以下になると、「真逆」を使うという人が5〜6割前後になるのです。

　現時点では、国語辞典でも「俗語」とことわった上で掲載されていますが、「真っ逆さま」のように、一般的な表現として扱われるようになる日も遠くないでしょう。

関連

　逆の意見・立場・性質であることをいう際、「対照的」「好対照」「両極端」「あべこべ」「似ても似つかぬ」などが使われます。

100 半端(はんぱ)ない

[本来の形]
半端でない、半端ではない、半端なことではない

[現在広まっている形]
半端ない

　2018年のサッカーW杯で、日本代表の大迫勇也選手を讃える表現「大迫半端ないって」が多く使われました。元になったのは、高校時代、彼の在籍する鹿児島城西高校に負けた滝川第二高校の主将が発した言葉です。「大迫半端ないってもう。あいつ半端ないって！　後ろ向きのボールめっちゃトラップするもん。そんなんできひんやん普通！」と悔しがる映像が広く注目されたのです。

　ですが、書き言葉に用いる際は少々ご注意を。「半端だ」は形容動詞で、「半端な」「半端に」などと活用しますが、そうした語尾まで含めて一語です。打ち消す場合は「半端で(は)ない」とするのが、文法的には正確です。

関連
　類義語に「ただごとではない」「生半可なことではない」「並大抵ではない」「常軌を逸した」など。

おわりに

　日ごろ塾で高校生を教えていて、語彙力のなさを痛感することがあります。文章を読むときにも答案を書くときにも、言葉を知らないことで、彼らは大変損をしています。言葉を知ってさえいれば簡単にできる問題で失点していますし、小論文では、せっかくいいアイデアを持っていても、稚拙な文章であるがゆえに、意図が読み手に伝わらないのです。
　あるとき気が付いたのですが、語彙力のない生徒でも、漢字の読み書きならできる子は多いのです。これは学校が小テストをするなど、漢字の勉強を課しているおかげです。ただ、そうして身につけた知識が、単純に漢字の読み書きだけの知識になっていて、文章の中で出てくる言葉の理解には結び付いていないのです。
　本当に求められているのは、表面的な、知識のための知識ではなく、深い理解・納得の伴う、自分で言葉を使うための知識です。
　これは、大人の語彙力についても同じことが言えます。知識のための知識、漢字検定やクイズに答えるためだけの知識になっては甲斐がありません。
　私は「３回使えば、言葉は自分のものになる」と考えています。
　自然には出てこない、自分にとっては背伸びをするような表現でも、３回ほど実際に使ってみることで、自分

の操れる範囲に入ってくるのです。
　そこで、おすすめしたいのが、本書でご紹介した言葉のうち、自分には馴染みの薄い言葉について、例文を作ってみることです。仕事や人付き合いの中で使うことがあるとしたら、自分ならどういう風に使うか、想像してみるのです。
　それを本書の余白に書きつけるなり、付箋に書いて貼り付けるなりすれば、それがまず、その語を用いた１回目です。あと実際に２回使えば、その表現も、あなたの語彙の仲間入りを果たします。まずは、落ち着いて推敲もできるメール・文書から取り入れてみましょう。
　アウトプットを通じてこそ、深いインプットができるのだ、と心得てください。

「国語を学ぶことで感受性と対話力を磨いたら、人生はもっと楽しい」
　これは、私の国語講師としてのモットーです。本書の語彙を通じて身につけたものが、皆さんの人生をより豊かなものにすることを願ってやみません。

2019年　早春
吉田　裕子

ちくま新書
1392

たった一言で印象が変わる大人の日本語100

2019年3月10日 第1刷発行

著者
吉田裕子
(よしだ・ゆうこ)

発行者
喜入冬子

発行所
株式会社筑摩書房
東京都台東区蔵前 2-5-3 郵便番号 111-8755
電話番号 03-5687-2601(代表)

装幀者
間村俊一

印刷・製本
三松堂印刷 株式会社

本書をコピー、スキャニング等の方法により無許諾で複製することは、
法令に規定された場合を除いて禁止されています。
請負業者等の第三者
によるデジタル化は一切認められていませんので、ご注意ください。
乱丁・落丁本の場合は、送料小社負担でお取り替えいたします。
© YOSHIDA Yuko 2019 Printed in Japan
ISBN 978-4-480-07210-8 C0281

ちくま新書

812 その言い方が人を怒らせる
——ことばの危機管理術

加藤重広

適確に伝えるには、日本語が陥りやすい表現の落とし穴を知ることだ。思い当たる「まずい」事例を豊富に取り上げ、言語学的に分析。会話の危機管理のための必携本。

889 大学生からの文章表現
——無難で退屈な日本語から卒業する

黒田龍之助

読ませる文章を書きたい。だけど、学校では子供じみた作文と決まりきった小論文の書き方しか教えてくれなかった。そんな不満に応えるための新感覚の文章読本!

1012 その一言が余計です。
——日本語の「正しさ」を問う

山田敏弘

「見た目はいいけど」「まあ、がんばって」何気なく使った言葉で相手を傷つけた経験はありませんか。よりよいコミュニケーションのために、日本語の特徴に迫る一冊。

1307 身体が生み出すクリエイティブ

諏訪正樹

クリエイティブは、身体とことばの共存が生み出すのではないか。着眼と解釈のこつを身につけ、なんでも試してみる習慣にすることで、人はもっと創造的になれる。

1352 情報生産者になる

上野千鶴子

問いの立て方、データ収集、分析、アウトプットまで、新たな知を生産するための方法を全部詰め込んだ一冊。学生はもちろん、すべての学びたい人たちへ。

1380 使える!「国語」の考え方

橋本陽介

読む書く力は必要だけど、授業で身につくの? 小説と評論、どっちも学ばなきゃいけないの? 国語にまつわる疑問を解きあかし、そのイメージを一新させる。

1390 これなら書ける! 大人の文章講座

上阪徹

「人に読んでもらえる」文章を書くには、どうしたらいいか? 30年プロとして書いてきた著者が、33の秘訣を大公開! 自分の経験を「素材」に、話すように書こう。